PSICOLOGIA DA EDUCAÇÃO

Dados Internacionais de Catalogação na Publicação (CIP)
(Câmara Brasileira do Livro, SP, Brasil)

Goulart, Íris Barbosa
  Psicologia da educação : fundamentos teóricos e aplicações à prática pedagógica / Íris Barbosa Goulart. – 21. ed. – Petrópolis, RJ : Vozes, 2015.

8ª reimpressão, 2024.

ISBN 978-85-326-0065-3

1. Psicologia educacional I. Título.

07-8395   CDD-370.15

Índices para catálogo sistemático:
1. Psicologia educacional   370.15

Iris Barbosa Goulart

PSICOLOGIA DA EDUCAÇÃO

Fundamentos teóricos e
aplicações à prática pedagógica

Petrópolis

© 1987, Editora Vozes Ltda.
Rua Frei Luís, 100
25689-900 Petrópolis, RJ
www.vozes.com.br
Brasil

Todos os direitos reservados. Nenhuma parte desta obra poderá ser reproduzida ou transmitida por qualquer forma e/ou quaisquer meios (eletrônico ou mecânico, incluindo fotocópia e gravação) ou arquivada em qualquer sistema ou banco de dados sem permissão escrita da editora.

CONSELHO EDITORIAL

Diretor
Volney J. Berkenbrock

Editores
Aline dos Santos Carneiro
Edrian Josué Pasini
Marilac Loraine Oleniki
Welder Lancieri Marchini

Conselheiros
Elói Dionísio Piva
Francisco Morás
Gilberto Gonçalves Garcia
Ludovico Garmus
Teobaldo Heidemann

Secretário executivo
Leonardo A.R.T. dos Santos

PRODUÇÃO EDITORIAL

Aline L.R. de Barros
Marcelo Telles
Mirela de Oliveira
Otaviano M. Cunha
Rafael de Oliveira
Samuel Rezende
Vanessa Luz
Verônica M. Guedes

Conselho de projetos editoriais
Isabelle Theodora R.S. Martins
Luísa Ramos M. Lorenzi
Natália França
Priscilla A.F. Alves

Diagramação: AG.SR Desenv. Gráfico
Capa: Studio Graph-it

ISBN 978-85-326-0065-3

Este livro foi composto e impresso pela Editora Vozes Ltda.

SUMÁRIO

Apresentação, 7

1 PSICOLOGIA DA EDUCAÇÃO: SEU CAMPO DE ESTUDOS E SEU FUNDAMENTO CIENTÍFICO, 9

2 PSICOLOGIA EXPERIMENTAL E PSICOMETRIA, 16
2.1 Movimentos impulsionadores, 16 • 2.2 Os cenários do aparecimento e evolução dos testes, 20 • 2.3 Visão crítica, 26 • 2.4 Aplicabilidade à educação, 30

3 O COMPORTAMENTISMO, 36
3.1 O cenário: do surgimento da Psicologia Científica à estruturação do sistema behaviorista, 36 • 3.2 Skinner: o homem e a obra, 49 • 3.3 O sentido da natureza humana e o controle do comportamento, 52 • 3.4 Visão crítica, 57 • 3.5 Aplicabilidade à educação, 66

4 O NÃO DIRETIVISMO, 72
4.1 Consideração prévia: a terceira força – Psicologia Fenomenológica e Humanista, 72 • 4.2 Cenário: a contextualização da perspectiva psicológica de Carl Rogers, 78 • 4.3 Rogers: o homem e a obra, 83 • 4.4 Aplicabilidade à educação, 94 • 4.5 Visão crítica, 97

5 A PSICANÁLISE, 104
5.1 O cenário: as origens de Sigmund Freud e as origens da Psicanálise, 104 • 5.2 Freud e a obra, 116 • 5.3 Visão crítica, 122 • 5.4 Aplicabilidade à educação, 125

6 O CONSTRUTIVISMO, 130

6.1 Os equívocos sobre o construtivismo, 134 • 6.2 A teoria de Jean Piaget, 136 • 6.3 A teoria de Lev S. Vygotsky, 166 • 6.4 As principais conclusões aplicáveis à educação, 172

7 A PSICOLOGIA DA EDUCAÇÃO NO BRASIL, 177

8 A RELAÇÃO PEDAGÓGICA, 199

Introdução, 199 • 8.1 A interpretação de Bohoslavsky, 200 • 8.2 A aplicação da visão de French e Raven à relação pedagógica, 202 • 8.3 A expectativa autorrealizadora de Rosenthal e Jacobson, 204 • 8.4 A relação professor-aluno na perspectiva não diretiva, 207 • 8.5 A escola como reprodutora da estrutura social, 208 • 8.6 A abordagem sócio-histórica de Vygotsky e dos psicólogos soviéticos, 210 • Conclusão, 213

APRESENTAÇÃO

Este livro é fruto de um momento em que vivi uma grande angústia enquanto profissional de Psicologia da Educação.

Durante mais de 20 anos, fui professora desta disciplina e toda a minha produção científica esteve relacionada a esta área de conhecimento. Desde que me iniciei neste campo, convivi com uma abordagem da Educação que usava como fundamento teórico a ciência psicológica. Por isto, a pesquisa, que desenvolvi, assim como toda a minha atividade de magistério, apresentavam a Psicologia como o mais seguro suporte científico da Educação.

Quando, no final da década de 1970, o posicionamento crítico que derivou da abertura política colocou em questão as contribuições da Psicologia, fui levada a rever não só o papel desta ciência, mas meu próprio papel profissional. A instalação de um discurso sociopolítico, sobre a Educação e a visão da ciência psicológica como instrumento ideológico que mascara a realidade a fim de assegurar a manutenção da estrutura social, fez com que os professores de Psicologia abandonassem o tipo de saber com o qual estavam familiarizados e se sentissem perdidos.

Sem ter definido o novo caminho a seguir, decidi partir para o Doutorado na Pontifícia Universidade Católica de São Paulo. Nos seminários de que ali participei fui percebendo a necessidade de desvelar a realidade, compreender o que estava se passando, antes de estruturar uma nova proposta. A perspectiva histórica se apresentou como a mais adequada; ao mesmo tempo que me possibilitava uma visão do passado, fornecia elementos para a crítica do presente e, dialeticamente, acenava para a reconstrução.

O caminho me pareceu, de início, a análise da realidade social da qual emergiam as principais teorias psicológicas; em seguida, a identificação das consequências dessas teorias para a prática pedagógica. Resultou daí um conjunto de textos que me explicaram, pelo menos em parte, o momento vivido e me apontaram na direção de uma nova forma de ensinar Psicologia. É este trabalho que constitui o livro que ora é colocado em suas mãos.

Mais tarde, concluí que, embora o momento de produção do conhecimento seja bastante significativo, o momento de apropriação do conhecimento deve ser analisado para que se possa compreender a prática e a teoria que se desenrola junto dela. Deste modo, percebi a necessidade de desvelar a realidade social das instituições que constituíram o cenário da Psicologia da Educação em Minas Gerais, focalizando a identidade e o desempenho dos atores que se apropriaram do saber psicológico para constituir parte da história da educação deste estado. Desta análise resultou minha tese de Doutorado – Psicologia da Educação em Minas Gerais; histórias do vivido.

A elaboração desses dois trabalhos me permitiu desenvolver uma atitude crítica diante da Psicologia da Educação sem, contudo, afastar-me do saber psicológico ou repudiá-lo, condenando-o pelo mau uso que se tem feito dele.

Minha angústia se desfez na medida em que fui percebendo que a Educação requer uma abordagem pluridisciplinar e que a contribuição que para essa abordagem pode a Psicologia oferecer é insubstituível. Urge, pois, que a ciência psicológica assuma a área de sua competência, oferecendo à Educação os subsídios que a pesquisa nesta área propicia.

De forma crítica, procuro analisar neste texto as contribuições de cada teoria psicológica, contextualizando-a sócio-histórico-culturalmente e apontando alguns pontos cegos, nem sempre observáveis quando trabalhamos de forma menos avaliativa.

Espero estar abrindo trilhas para novos caminhos que possibilitem a reconstrução de uma Psicologia da Educação que revele a dimensão individual do ato pedagógico, sem perder de vista a dimensão social que o caracteriza.

Iris Barbosa Goulart

1
Psicologia da Educação: seu campo de estudos e seu fundamento científico

A primeira e mais difícil tarefa de quem se propõe a escrever um texto sobre um campo científico, jovem e já marcado por uma complexa história, é delimitar o que vem a ser este campo. No caso da Psicologia da Educação, esta tarefa deve ser precedida de algumas considerações.

1) A Psicologia, no Brasil, desenvolveu-se estreitamente ligada à Educação, primeiro campo ao qual se deu a aplicação desta ciência em nosso país. Na realidade, não foi a Psicologia da Educação que derivou da Psicologia, mas sim a segunda que derivou da primeira, pois historicamente, no Brasil, desde o início do século, a Psicologia da Educação tornou-se o fundamento básico da educação. Só na década de 1960 surgiram os primeiros cursos de Psicologia.

2) Tanto a Psicologia quanto a Educação estão inseridas num quadro histórico, político, econômico e social. A inserção da Psicologia da Educação neste quadro nos torna possível compreender as características bem específicas que esta ciência adquiriu no Brasil e ainda a variação de seu conteúdo conforme a relação entre o momento histórico e as teorias psicológicas ou educacionais nele dominantes.

Essa afirmativa nos leva a concluir que a ciência não é neutra nem desinteressada; ela nasce ligada a interesses históricos, ou seja, toda ciência é motivada historicamente, embora sua natureza específica não resida nesta motivação.

3) A Psicologia, assim como outras ciências, provavelmente por motivos ligados às duas conclusões anteriores, tem evoluído através da oposição de teorias radicais, e, neste momento, não chegou ainda a conclusões gerais, válidas para todos os especialistas nesta área.

Revendo o quadro das correntes internacionais da Psicologia contemporânea, pode-se concluir que a Psicologia se apresenta como uma associação de disciplinas; a Psicologia alemã com Wundt e Fechner é resultante do encontro da Psicologia com a Filosofia; a Psicologia inglesa, com Galton, resultou da convergência do evolucionismo de Darwin com a Psicometria; a Psicologia soviética deriva diretamente da Neurofisiologia animal estudada por Pavlov. A Psicologia americana, constituída sobre o experimentalismo da Psicologia fisiológica de Wundt e submetida à influência do darwinismo, é tributária também do positivismo comtiano e tem, como solo para sua constituição, o ambientalismo vigente na América.

Algumas "escolas psicológicas" ou "sistemas" se desenvolveram no século XX, sendo que, geralmente, a emergência de um decorre da oposição ao outro. Giannotti (1980) chama atenção para o "princípio da tolerância epistemológica", segundo o qual as ciências se alimentam não só do debate, mas sobretudo da oposição mais radical – a oposição entre os vários paradigmas a que se submetem as diversas teorias. Assim, nossa posição mais radical será sempre a contrapartida de outra posição radical.

Tem-se de reconhecer, pois, que as ciências avançam na medida em que uma teoria nega as raízes da outra.

Diante do exposto, passamos a tentar conceituar Psicologia da Educação, clarificando o que vem a ser seu objeto e campo de estudo.

Um dos caminhos geralmente usados para se estabelecer os limites da Psicologia da Educação tem sido a análise histórica. Tem-se situado o surgimento da Psicologia Educacional no início deste século, por volta de 1903, quando foi lançado o livro de Thorndike, o qual nomeou, pela primeira vez, esta área de estudos e lhe deu corpo doutrinário. A ideia que Thorndike tinha dos conhecimentos psicológicos que podem ser aplicados à educação era muito ampla e, na edição de 1913 a 1914, incluiu, nesse âmbito, virtualmente, todo o conhecimento de Psicologia que tivesse possibilidade de ser quantificado.

Antes do uso exclusivo e definitivo do termo Psicologia Educacional, vários educadores ou filósofos já haviam expressado suas preocupações com relação ao tema. Em Platão já se encontra um problema fundamental da educação; a importância atribuída à criança e os cuidados para que ela não seja corrompida pelo adulto. Passando pela visão ampla da educação de Aristóteles, a Psicologia da Educação encontrou um marco indiscutível na figura de Rousseau. Seu romance pedagógico O Emílio, embora pretendesse atingir o arcebispo de Paris, que aspirava a expulsão de Rousseau da França, estabeleceu os fundamentos da pedagogia moderna. Sem dúvida, foi esta obra de Rousseau que exerceu influência sobre Pestalozzi para que escrevesse *Como Gertrudes educa seus filhos*, assim como influenciou Basedow e Froebel.

Provavelmente a Psicologia Educacional se beneficiou, também, de trabalhos de origens diversas: o estudo científico do educando – iniciado por Darwin, Pérez, Compayré, no seu aspecto biológico de Galton, Sully, McDougall, Balard, Neuman, Stern, Stanley Hall e tantos outros no seu aspecto psicológico.

Se com Montaigne, Vives, Comenius, Locke, Fénelon, a necessidade de mudança de orientação dos métodos educacionais se evidenciava, e se com Rousseau, Pestalozzi, Basedow a preocupação com o conhecimento do educando ocupava o primeiro plano, a aplicação da Psicologia à Educação se fez mesmo sentir foi na obra de Spencer, Binet, Claparède, Thorndike, W. James, Piaget, Wallon, Gesell e tantos outros, cujos estudos influenciaram diretamente a Psicologia.

A definição dos limites da Psicologia Educacional a partir do seu histórico tem sido feita, geralmente, seguindo uma trajetória que coloca Psicologia e Educação numa proximidade tal que torna possível perceber-se o relacionamento entre elas no panorama do pensar humano.

Até o final do século XIX, toda referência feita à Psicologia Educacional está associada aos filósofos europeus. Foi a partir do pragmatismo de William James que o pronunciamento norte-americano se fez sentir. Discutindo mais profundamente este pragmatismo, vão-se descobrir suas raízes mais profundas "na razão prática de Kant, na exaltação da vontade de Schopenhauer e na ideia de evolução de Darwin"[1]. O grande discípulo de James foi John Dewey, cuja posição gerou uma Filosofia e uma Psicologia da Educação. Para ele, era mais importante fazer ciência do que fazer literatura, tanto na Psicologia quanto na Educação; acrescentava que a Psicologia não deveria ser livresca, mas chegar aos alunos através da prática. Estava, assim, lançada a pedra fundamental da Escola Ativa e a Filosofia da Educação norte-americana voltada para o momento da industrialização; ambos os movimentos presentes na obra de Dewey, *Democracia e Educação*.

No início do século XX, enquanto Dewey se preocupava com a educação, como ela deve ser ministrada na escola, Thorndike estava preocupado com as questões sobre aprendizagem. Baseado no comportamento de Watson e no funcionalismo de James surgiu, nos Estados Unidos, um enfoque peculiar para os problemas da educação e as questões sobre aprendizagem.

O estabelecimento definitivo da Psicologia Educacional fez surgir, a partir de 1930, formas bem específicas de pesquisa, tais como estudos comparativos de métodos de ensino. Logo em seguida, as preocupações voltaram-se para os experimentos clássicos de laboratório sobre aprendizagem, medidas de inteligência, solução de problemas.

O próximo passo nesta evolução foi a invasão pela Psicologia do campo específico da pesquisa em educação, tratando de temas como o professor, o ensino programado, estatísticas escolares. Assim, a área de conhecimentos que pretendia ser a Psicologia aplicada à educação passou a ser caracterizada muito mais pelo método de pesquisa em educação do que pelos problemas específicos de uma área de estudos aplicados à educação.

---

1. Citação feita pelo Professor Joel Martins na PUC-SP, em 1983, em Seminário sobre Psicologia da Educação.

Considerando-se a evolução histórica da linha de pensamento europeu ou norte-americano, verifica-se que a Psicologia Educacional não pode ser identificada como uma área consagrada de estudos e que os psicólogos educacionais não têm uma identidade própria. Pode-se, em vez disso, identificar um corpo de pesquisa que ora se inclina para a Psicologia, ora para a Educação, ora para um espaço intermediário entre as duas.

Outro caminho para delimitação desta área de estudos consiste em recorrer às definições contidas em alguns dos textos clássicos de Psicologia Educacional. Para Klausmeyer, "a Psicologia Educacional lida com a identificação e a descrição de princípios de aprendizagem e de desenvolvimento humano e condições de ensino relacionadas para aperfeiçoar práticas educacionais".

Para Gage e Berliner (1975), "Psicologia Educacional é a ciência que fornece insight sobre a maioria dos aspectos da prática educacional e mais especificamente dos processos de ensino-aprendizagem", ao passo que "ensino define-se como a sequência de eventos, tais como o comportamento do professor, que intencionalmente afetam a aprendizagem do aluno".

Esta ênfase sobre os métodos define uma nova utilidade da Psicologia Educacional, que é melhorar a atuação dos professores, porque lida diretamente com os meios através dos quais eles devem se comportar. Entretanto, esta abordagem de Psicologia Educacional centrada no ENSINO ainda não reúne muitos adeptos.

O critério usado por Mello (1975) é o da delimitação dos campos da Psicologia da Educação e da Psicologia Escolar, contrapondo-as. Segundo a autora, "a Psicologia oferece à Educação dois tipos de contribuição: a primeira, científica, consiste no conhecimento de problemas que interessam à educação; a segunda, profissional, consiste na introdução do psicólogo na escola, como técnico interessado no desenrolar do processo educacional". Parece-nos, entretanto, que a Psicologia Escolar constitui apenas uma área de trabalho que se vale do campo de estudos da Psicologia da Educação e que pode ser considerada parte dela.

Finalmente, parece-nos oportuno expor nossa própria opinião sobre o que vem a ser a Psicologia da Educação. Trata-se de uma ciência aplicada à educação, cujo objetivo é, numa relação permeável com as demais ciências pedagógicas, oferecer subsídios para que o ato educativo alcance, plenamente, seu objetivo.

Quando se usa a expressão Psicologia Educacional, é preciso entender que educacional é o termo que está adjetivando o substantivo psicologia. Entretanto, o que se tem feito é tomar o segundo elemento da locução como substantivo e daí fazer derivar a conceituação desta área. A delimitação deste campo segundo o critério de definir o que é psicologia e o que é educação é imprópria por ser contaminada por modismos epistemológicos, temáticos, etc.

A educação é um empreendimento social, por isso é um macrofenômeno, cuja caracterização é multidisciplinar. Ocorre uma abordagem multidisciplinar quando um conjunto de profissionais estuda um mesmo tema, cada um sob sua própria ótica, cada um evidenciando sua competência numa determinada área. Este tipo de abordagem requer, pois, que cada especialista – o filósofo, o psicólogo, o sociólogo, etc. – tenha bem nítida a visão de sua ciência; é necessário, pois, recuperar o específico de cada disciplina, para que se possa dar conta do fenômeno educacional.

O especialista em Psicologia Educacional está preocupado com o universo que tangencia a educação; não propriamente com a educação, mas com áreas tangenciais. Só lhe é possível oferecer uma contribuição válida se resgatar o aspecto específico de sua competência. Jamais será possível atingir o objetivo de melhorar a educação se, em nome de uma abordagem multidisciplinar, descaracterizar-se cada uma das disciplinas relacionadas à educação.

A Psicologia da Educação compreende, pois, a utilização de conclusões obtidas em diversas áreas da ciência psicológica sobre assuntos que interessam especificamente à educação e à investigação de problemas relacionados às pessoas sob ação educativa.

Num primeiro momento, deve-se pretender, portanto, a identificação e conhecimento dos fenômenos já analisados pela investigação pura da ciência psicológica e que, de alguma forma, estejam relacionados ao processo educativo. Incluem-se aqui, pois, os estudos sobre aprendizagem, desenvolvimento, adaptação pessoal e social, inteligência e aptidões, relacionamento interpessoal, grupos sociais e fenômenos que ocorrem no seu interior, Psicologia Diferencial e outros. Num segundo momento e após a familiarização com esses estudos, a Psicologia Educacional deve propor-se o levantamento de problemas relacionados aos indivíduos e aos grupos envolvidos no processo da educação e a investigação aplicada, ou seja, a linha de pesquisa mais próxima da realidade com a qual ela deverá trabalhar.

Neste sentido, a Psicologia Educacional tem se constituído numa designação genérica para alguns campos especiais de investigação da ciência psicológica e para uma área específica de pesquisa sobre aspectos psicológicos do processo educacional.

As teorias psicológicas têm constituído, ao longo dos últimos anos, o fundamento científico da Psicologia Educacional. Algumas delas, devido à sua maior relação com o campo da educação, foram mais facilmente assimiladas e passaram a constituir formas de abordagem dos problemas psicológicos ligados à educação. Decidimos, assim, enumerar estas posições teóricas e proceder à análise do cenário no qual elas surgiram, à visão da natureza humana que possuem seus principais autores; às contribuições que cada uma delas trouxe para a educação e a uma crítica de tais contribuições.

Incluímos nesta análise:

a) a psicologia experimental e a psicometria;

b) o comportamentismo, com ênfase à teoria de Skinner;

c) o não diretivismo;

d) a psicanálise;

e) a teoria de Jean Piaget.

2
Psicologia Experimental e Psicometria

2.1 Movimentos impulsionadores

No início deste século, o pensamento quantitativo passou a constituir uma característica essencial e não periférica da Psicologia. Parece haver uma sequência bem definida no desenvolvimento da Psicologia, quando os construtores da Psicometria encontram suas raízes nos laboratórios de Psicologia Experimental. O modelo das ciências naturais, que inspirou o uso do controle na ciência do comportamento humano, sugeriu também o interesse pelas leis universais, aplicáveis a todos os sujeitos que experimentavam um fenômeno psicológico. Foi nos laboratórios em que a lei era buscada que o interesse pelo diferenciável emergiu. Assim, enquanto a Psicologia Experimental tentava descobrir os padrões universais de realização (as uniformidades) e considerava as diferenças de resultados como "erros" do instrumento ou da situação, a função básica da Psicometria consistia na avaliação das diferenças entre os indivíduos ou entre as reações de um mesmo indivíduo em momentos diversos.

Os testes constituem os principais instrumentos da Psicometria e seu amplo desenvolvimento está associado, em todo o mundo, a algumas necessidades: a primeira é a caracterização da normalidade e a consequente identificação da excepcionalidade no caso da inteligência, ou da identificação de algumas variáveis, no caso da psicopatologia. A segunda necessidade é o melhor aproveitamento dos recursos durante a guerra, tendo em vista suas aptidões ou seu equilíbrio psicológico. Finalmente, o último impulso ao desenvolvimento dos testes foi a divisão do trabalho na indústria e a consequente necessidade de se adequar o homem ao trabalho.

Na Europa, foi a busca de um padrão de normalidade o elemento impulsionador do desenvolvimento dos testes. Enquanto na Alemanha a evolução das ideias seguiu uma orientação que gradualmente se afasta da Escola de Wundt, na Inglaterra se elaboraram os fundamentos de uma estatística aplicável ao estudo dos fenômenos psíquicos. Mas foi na França que o interesse pela psicopatologia acabou culminando na criação de instrumentos destinados à identificação da anormalidade. Nesse país, Charcot (1825-1893), professor de Anatomia Patológica, tornou célebre sua clínica, que recebeu o nome de Escola de Salpetrière. Por ela passaram especialistas do mundo inteiro e a história registrou que foram seus alunos Janet, Freud e Binet.

Uma breve revisão do percurso histórico da psicologia francesa expõe Ribot (1839-1916) que consagrou toda sua obra às doenças da memória, da vontade e da personalidade, ensinando Psicologia Experimental na Sorbonne (1885) e Psicologia Experimental e Comparada no College de France (1889). Pierre Janet (1895-1947), sucessor de Ribot no College de France (1902) e diretor do Laboratório de Psicologia de Salpêtrière, antecipou a psicologia moderna com sua "psicologia de conduta", unindo a clínica "psicopatologia" à defesa de uma psicologia objetiva.

A psicologia francesa foi, desde o início, considerada experimental, para que não se pudesse duvidar de seu caráter científico. Mas nem Ribot nem Janet fizeram experiências e Georges Dumas (1866-1946) só consagrou a isso parte de sua atividade. Entretanto, seus estudos de psicopatologia prepararam o pensamento psicológico para a diferenciação normal-anormal, vinda através de Binet que, com seu método comparativo, desenvolveu uma psicologia individual, com a preocupação de saber "como funciona a máquina mental". Neste contexto, é compreensível como Binet chegou à elaboração de seus testes de inteligência, recursos que possibilitavam a caracterização da inteligência normal e a identificação da excepcionalidade.

Entre os psicólogos europeus, o interesse pelo exame clínico de pacientes psiquiátricos foi responsável pela elaboração de testes destinados a medir funções complexas. Kraepelin, usando operações aritméticas simples, pretendeu fazer a caracterização de indivíduos; posteriormente, com Ferrari, outro psicólogo italiano, planejou vários testes, desde os motores até a interpretação de figuras. Ebbinghaus, um psicólogo alemão, elaborou testes de memória e completação de sentenças que, aplicados a escolares, não apresentaram correspondência com o desempenho escolar.

Nos Estados Unidos, com repercussão em todo o mundo, fez-se sentir a influência dos dois grandes conflitos mundiais sobre o desenvolvimento da Psicologia. A Primeira Grande Guerra (1914-1918) consagrou os testes de inteligência e de aptidões específicas, que se mostraram úteis à seleção e orientação de homens convocados pelas Forças Armadas. A ampla utilização da Psicologia, nessa época, forçou o aparecimento dos testes coletivos e a fusão do pensamento estatístico de Galton à visão analítica de Binet. A consequência foi um expressivo desenvolvimento dos testes de aptidões e de sua utilização.

A Segunda Guerra (1940-1944), devido a seu caráter mais ideológico – é a democracia x o fascismo – fez com que a preocupação se deslocasse da detecção de aptidões para aspectos relacionados à personalidade, às relações sociais, ao equilíbrio emocional ou à moral dos combatentes. Aí vão ter origem os testes projetivos, escalas de atitudes e outros recursos que, nesta ocasião, abriram caminho para o estudo da personalidade.

Durante a Primeira Guerra, Woodworth já havia usado a Folha de Dados Pessoais, um questionário de personalidade destinado à identificação de casos graves de neurose que impediam a prática do Serviço Militar. Mas foi no decorrer da Segunda Guerra que realmente floresceram os métodos projetivos para estudo da personalidade, técnicas que representam o protótipo de uma investigação dinâmica e holística da personalidade, isto é, abordagens que a tomam como estrutura em evolução, cujos elementos constitutivos se acham em interação.

A Revolução Industrial constituiu o terceiro impulso dado ao desenvolvimento da Psicometria. Quando o processo de produção de mercadorias evoluiu da manufatura para a instalação da grande indústria, algumas consequências se tornaram bem evidentes; a primeira foi a nítida separação entre trabalho manual e trabalho intelectual, com evidente vantagem do segundo, já que a máquina contém na sua estrutura a definição de sua forma de utilização; a segunda, que decorre da primeira, é a instituição da figura do trabalhador coletivo em substituição ao trabalhador individual, que devia possuir todas as habilidades requeridas pela tarefa. Quanto mais o trabalho foi parcelado em tarefas simples, tanto mais limitado se tornou o trabalhador, de quem pouco se exigia e a quem cada vez mais se alienava, por tornar-se desconhecedor de sua participação real no processo.

A questão das aptidões é uma decorrência deste contexto. As medidas psicológicas emergiram novamente como recursos destinados a identificar "o mais apto" para o exercício das funções. As baterias de testes conheceram, neste momento, o período de sua maior utilização e as grandes indústrias criaram seus setores de psicologia, onde o registro de todas as medidas de aptidões dos empregados garantia o controle das situações e até a predição de certos eventos.

Na verdade, o uso dos testes apenas reproduzia a separação entre o trabalho manual e o intelectual: ocupações manuais e atividades burocráticas repetitivas eram aconselhadas aos menos dotados, enquanto os postos de direção e as funções intelectuais eram reservadas aos melhor dotados.

Embora o caráter ideológico desse uso da psicologia não possa ser posto de lado, a época tão próxima do uso de testes na indústria constituiu uma oportunidade para a validação e aperfeiçoamento destes instrumentos. O período que vem se seguindo a este tem sido marcado pela preocupação com as consequências dos programas de testes para o estabelecimento de uma sociedade democrática.

Antes de nos determos na crítica, devemos passar em revista o desenvolvimento das medidas psicológicas do mundo.

2.2 Os cenários do aparecimento e evolução dos testes

Alemanha: a Psicologia Experimental como suporte da Psicometria

A era científica moderna começou, no terreno das ciências físicas, no século XVIII. Rapidamente, o método científico estendeu-se às ciências biológicas, e, no início do século XIX, a fisiologia experimental tornou-se foco de interesse nos laboratórios da Alemanha e de outros países europeus. Muitas das medições estudadas por estes fisiólogos constituíam o campo dos primeiros psicólogos experimentais, cujo interesse foi se estendendo, gradualmente, a assuntos claramente mais psicológicos.

A Psicologia Experimental nasceu em 1879, no Laboratório de Leipzig, foi continuada no Laboratório de Beaunis em 1889, em Paris, e no laboratório de James, nos Estados Unidos. Deixou-nos o legado do respeito pelo método experimental e a precisão da técnica certo número de delineamentos experimentais e técnicas estatísticas que puderam ser adaptadas aos problemas de medição psicológicos.

A Alemanha representa na história da Psicometria um papel de destaque, porque no laboratório de Leipzig formou-se toda uma geração de psicólogos, desenvolveram-se centenas de trabalhos experimentais e, na refutação dos pontos de vista de Wundt, surgiram as bases da psicologia diferencial.

No final do século XIX, em face a uma psicologia experimental empirista, técnica e científica – psicologia do conteúdo – desabrochou uma outra psicologia, baseada na tradição de uma filosofia cujo princípio era a atividade do espírito humano – a psicologia do ato, cujo inspirador foi Brentano (1838-1917). Entre os discípulos de Brentano acham-se Kofka, Langfeld e também Kohler que, em 1921, o sucedeu.

Da reação de um aluno de Wundt, Külpe (1862-1915), nasceu a Escola de Würzburg, que propôs experimentar com processos mentais superiores e tentou fazer pelo pensamento o que Ebbingauhs (1850-1909), outro alemão, fizera pela memória. Pelo apreender o conteúdo dos dados conscientes, os psicólogos dessa escola propuseram fracionar os momentos de uma operação mental e dirigir a atenção a um destes momentos de cada vez e chegaram, desse modo, à introspecção experimental sistemática.

A morte prematura de Külpe pôs fim à sua psicologia, enquanto a psicologia do ato, que nasceu a partir de Brentano, experimentou desenvolvimentos fecundos graças à psicologia da Gestalt. A origem do gestaltismo se encontra na escola austríaca, composta de discípulos diretos e indiretos de Brentano: Meigon, Witasek, Ehrenfels, este último descobridor das "Gestaltqualitäten".

Contra o elementarismo das psicologias associacionistas, a Gestalt surgiu através dos estudos de percepção de Max Wertheimer (1880-1943) e de seus discípulos Köhler e Kollka. A eles se devem as leis fundamentais da *Gestal Theorie*, que passa a contar, também, com Kurt Lewin, um físico originário da Escola de Berlim que, como os outros representantes do gestaltismo, emigrou para os Estados Unidos, onde produziu a maior parte do seu trabalho.

Os testes projetivos que se diferenciam dos testes de aptidão pela ambiguidade do material que apresentam e pela liberdade que dão aos sujeitos para responder situam-se dentro das tendências do gestaltismo e da psicanálise.

Há uma sequência facilmente identificável entre o progresso da Gestalt e os métodos projetivos: o teste de associação de palavras de Jung (1904) é um pouco posterior a Erhenfels; o teste de manchas de tinta do suíço Rorschach (1920) é um pouco posterior a Wertheimer e o TAT (Thematic Aperception Test) de Murray (1935) está bem próximo de Kurt Lewin.

A psicologia projetiva ampliou a psicologia da forma. Enquanto para o psicólogo a análise de figuras ambíguas e ilusões ótico-geométricas representa terreno fértil para a descoberta de formas perceptivas e intelectuais e de suas leis, a análise da percepção que o testando faz de uma figura ambígua representa a sua interpretação do mundo e de suas relações com os outros.

A influência da psicanálise é ainda mais nítida. As associações pedidas pelo psicanalista e denominadas livres são, de fato, rigorosamente determinadas, pela história do cliente e seus conflitos.

Logo, tais situações podem ser interpretadas como reveladoras de tendências e conflitos mais profundos.

Inglaterra: a quantificação das avaliações

As duas principais contribuições do grupo britânico ao desenvolvimento da medição psicológica foram: uma profunda preocupação pelo estudo das diferenças individuais e a invenção de técnicas estatísticas e instrumentos que possibilitaram quantificar a avaliação psicológica.

A Psicologia Experimental viveu seu maior progresso na Inglaterra, graças a Francis Galton e Charles Darwin, que venceram as resistências impostas pela estrutura universitária. As teorias evolucionistas, tanto de Lamark quanto de Darwin, postulavam a hereditariedade biológica e psicológica e a escola inglesa empreendeu várias pesquisas para analisar tal hereditariedade.

Em 1883, Galton, pesquisador das relações entre ambiente e hereditariedade, publicou a obra *Inquiries into Hum Faculty and its Development*, que passou a ser considerada a origem da psicologia científica e do método de testes. Preocupado em medir as aptidões humanas e convencido de que houve degenerescência desde os tempos da civilização ateniense, Galton aspirava substituir a seleção natural por uma seleção inteligente, o que seria possível graças a um balanço das capacidades humanas. Com a finalidade de medi-las, Galton criou os testes com a mesma conotação que eles têm hoje para os behavioristas (medir aquilo que se faz), os questionários e os aparelhos, alguns originais e outros do mesmo estilo dos existentes nos laboratórios alemães da época.

Enquanto Quetelet (1796-1874) e outros antecessores de Galton, especialmente os da escola alemã, estavam preocupados com os resultados globais, características de uma população, e consideravam os resultados diferentes da média como "erros" da natureza, a originalidade de sua contribuição estava em considerar as diferenças ou variações individuais o foco de sua atenção.

Galton foi o iniciador das aplicações da estatística à psicologia; descobriu que a medida em psicologia, não tendo um zero absoluto nem uma unidade específica, deve basear-se em comparações baseadas na distribuição estatística dos resultados das medidas. Foi ele, também, o autor do método de correlações e da tentativa de exprimir graficamente relações entre altura dos pais e dos filhos, salientando a existência de uma linha de regressão, base do coeficiente de correlação.

A partir de Galton, os trabalhos na Inglaterra ganharam uma nova orientação. Pearson, o mais eminente de seus discípulos, bem como Yule e, finalmente, Fischer, celebrizaram-se por seus trabalhos estatísticos.

Karl Pearson foi continuador do trabalho de Galton. Fischer criou o método de análise de variância e Spearman, após uma carreira militar inicial, formou-se em psicologia nos laboratórios alemães (Leipzig, Würzburg, Göttingen), tornou-se depois professor do Universitty College, e lançou-se no âmbito da psicologia em 1904, com um artigo publicado em *American Journal of Psycology* intitulado "General Intelligence Objectively Determined and Measured". Spearman constatou experimentalmente que há uma correlação entre os resultados dos vários testes de inteligência; atribuiu esta correlação à existência de um fator G, sinal de uma aptidão geral. Mais tarde, ele reconheceu também a existência de fatores específicos, correspondentes a cada prova. A síntese de seus trabalhos só aparece, contudo, em 1927, sob o título *The Abilities of Man*.

Sperman foi sucedido em seus estudos sobre análise fatorial por G.H. Thomson, na Grã-Bretanha, bem como por Garnet e C. Burt que, a partir de 1931, sucedeu-o em Londres, e por Thurstone, na América.

França: o nascimento dos testes de inteligência

Alfred Binet (1857-1911) é considerado o principal representante da Psicometria na Europa. Tem uma formação original em relação aos seus contemporâneos: bacharel em Direito, depois licenciado e doutor em Ciências Naturais. Na sua época, o Collège de France preferiu Pierre Janet e a Sorbonne G. Dumas. Orientado por Ribot, ele também tomou o caminho de Salpêtrière e tornou-se, a partir de 1892, um iniciador, ao assumir a direção do Laboratório de Psicologia Fisiológica, situado na Sorbonne e ligado à Escola Prática de Altos Estudos. O laboratório dispunha de todo o material criado por Wundt, mas Binet, contrariamente a este, admitiu que a Psicologia Experimental devia estudar os processos superiores, como o pensamento e a inteligência.

Binet usava um método original – o comparativo – com o qual abordava indivíduos de traços mais acentuados (os doentes mentais, os supernormais) e, finalmente, as crianças, pelas quais deixou o laboratório da Sorbonne pelo da Escola La Grangeaux-Belles.

Partindo de Taine, seus estudos sobre a inteligência o levaram à mesma conclusão da Escola de Würzburg – existe um pensamento sem imagem, que escapa à própria introspecção.

Quando o Departamento de Instrução Pública, preocupado em desenvolver o ensino para os retardados, criou uma comissão destinada a identificá-los, Binet sugeriu que se medisse diretamente o nível mental, através de testes. Por meio destes instrumentos, foi possível não apenas apreender a inteligência, mas classificar os indivíduos, o que é a base dos métodos quantitativos. Graças a suas longas pesquisas experimentais sobre a memória, a atenção, a imaginação e a inteligência das crianças, Binet pôde propor em 1905 um teste satisfatório, que lhe permitiu identificar a idade mental, comparável à idade cronológica. A partir de 1907, juntamente com Théodore Simon, cujo nome aparece ligado ao seu na construção do teste, concluiu que "a psicologia se tornou a ciência da ação", e analisando o sucesso de sua escala de inteligência, principalmente no exterior, foi levado a várias reflexões teóricas e a remodelações.

Traduzido e adaptado para diversas línguas, o teste foi revisto nos Estados Unidos, várias vezes, e adaptado para utilização em todo o mundo ocidental.

Estados Unidos: formalização dos testes

Na Europa, a psicologia científica teve de conquistar seu espaço entre as disciplinas e instituições, fazendo-se reconhecer como ciência e não mais um ramo da filosofia. Na América, onde é possível moldar a própria tradição, as universidades puderam criar, dando à psicologia uma aparência inteiramente nova.

"A psicologia americana herdou o corpo de experimentalistas alemães, mas tomou o espírito de Darwin" (BERING, 1950).

Nos Estados Unidos da América, James McKeen Cattel fundiu a Psicologia Experimental e o uso dos testes psicológicos. Seu doutoramento foi feito em Leipzig, onde defendeu uma tese sobre diferenças individuais, que desagradou sobremaneira a Wundt; em 1888, lecionando em Cambridge, estabeleceu contato com Galton. É sabido que Cattel, desde 1889, media as diferenciações individuais nas reações de seus sujeitos de experiência à mesma prova.

A diferença entre a experimentação e o teste, que antes de Binet era considerada apenas uma questão de ponto de vista, torna-se clara a partir de Cattell. A experimentação permite a descoberta da natureza de uma função psíquica, seus mecanismos, as leis que a regem. O teste, termo que Cattell usou pela primeira vez com este sentido em 1890, permite calcular em que medida um sujeito possui uma função, em relação à média do grupo de indivíduos submetidos ao mesmo teste.

É neste terreno que vai se desenvolver, em 1905, o método de testes, que Binet aplica à medida da inteligência. Na América, foram feitas as modificações dos testes Binet-Simon, em 1909, 1911, 1912, mas sem alterar a estrutura dos testes de 1908. Duas revisões merecem destaque: a de Kuhlman, que estabeleceu testes para menores de 3 anos e prolongou o B-S até 15 anos e a de Ferman, que se realizou na Universidade de Stanford e resultou na denominação Stanford-Binet. Em 1937, em colaboração com M.A. Merrill, Ferman apresenta uma nova revisão.

Em 1915, R.M. Yerkes concluiu uma escala de teste chamada Point-Scale, que retoma a escala de Binet de 1905 e permite o cálculo do coeficiente individual, mas não do QI. Tanto a revisão de Stanford quanto a de Erkes lidavam com testes verbais.

Embora, em 1910, Healy e Fernald já houvessem preparado testes de "performance" sob a forma de recortes para reconstrução, o primeiro teste completo de performance foi criado por S. D. Porteus, em Melbourne, em 1913, que, usando um labirinto, tentou distinguir crianças preguiçosas e crianças em atraso. Seguiu-se a este o teste de cubos de S.C. Kohs e, após 1920, as baterias, que envolviam os testes de performance em uso – a Minesota battery, de D.G. Paterson, e a de Grace Arthur.

Os testes de performance abriram caminho para os testes coletivos – no Exército surgiram os testes Alfa e Beta, o 1º destinado a recrutas que falavam e escreviam inglês e o 2º adequado a recrutas iletrados ou que não falavam inglês (testes de performance): Terman fez a adaptação de seus testes para aplicação coletiva e, a partir deles, foi possível classificar os escolares de acordo com a idade mental, agrupando os retardados em instituições especializadas e distinguindo os superdotados, os quais eram submetidos, geralmente, ao teste verbal CAVD de Thorndike, aos testes não verbais de Thurstone e de Pintner.

Logo após a guerra, os testes Army Alpha e Army Beta foram liberados para uso civil e submetidos a uma série de revisões, algumas em uso até hoje.

Nos anos seguintes, os testes de inteligência foram amplamente usados nos Estados Unidos em pesquisas comparativas – inteligência do homem e da mulher, inteligência do negro e do branco, etc.

Quando os especialistas perceberam que os testes de inteligência eram, fundamentalmente, medidas de habilidade verbal ou, quando muito, medidas de habilidade para lidar com relações numéricas, e que algumas funções importantes nem estavam representadas neles, surgiu a necessidade do teste de aptidões específicas. Foi esta a época das baterias de testes.

2.3 Visão crítica

A avaliação psicológica não é somente um problema técnico; os padrões de estimativa e pressuposições a seu respeito dependem de pressuposições mais amplas acerca do comportamento e propósito humanos. As críticas feitas aos testes derivam, geralmente, do uso que deles se tem feito ou das limitações impostas à quantificação de seus resultados.

Iniciando pelo primeiro objetivo dos testes – caracterização de normal x patológico ou excepcional, verifica-se que a Psicometria tem apelado para o artifício da média aritmética a fim de qualificar um comportamento como normal, enquanto os resultados que se afastam da média são considerados excepcionais ou desviantes. Neste contexto, a influência do meio social, da instrução e de outros fatores aos quais se submete a pessoa humana é incorporada ao conceito de inteligência ou de normalidade. Logo, quando se fala em normalidade, a partir da média, as contradições localizadas na realidade são transformadas em desvios em relação a um padrão abstrato de criança ou adulto normal. Desse modo, a influência de variáveis (como fatores socioeconômicos, a alimentação, a habitação, as oportunidades de receber instrução, o fato de pertencer a grupos minoritários) é escamoteada e os resultados são atribuídos apenas a atributos naturais e individuais de cada um. O uso de testes abre caminho, portanto, para a localização dos marginais do sistema – os excepcionais, no caso da inteligência; os doentes, no caso da saúde mental; os improdutivos, no caso do rendimento escolar.

O segundo objetivo do uso dos testes psicológicos – a orientação e seleção de pessoas para o exercício de funções quer durante a guerra, quer na força de trabalho, obedece a raciocínio similar: deve-se localizar o lugar ocupado por um indivíduo na estrutura das ocupações em função da avaliação de seu desempenho, tomando como referência o padrão de distribuição de resultados estatísticos. As variáveis intervenientes aqui são escamoteadas e indivíduos com resultados de aptidão mais baixos serão considerados como menos produtivos ou bem-sucedidos e deverão ocupar postos inferiores ou mal remunerados na estrutura ocupacional. Desta forma, os testes têm recebido crítica pelo seu papel de legitimadores da organização social.

Os procedimentos padronizados de medição psicológica têm fomentado atitudes e métodos discriminativos. Uma das primeiras críticas foi feita ao uso dos testes de inteligência para formar grupos homogêneos. Mais recentemente, a preocupação tem se voltado para o uso de testes em pesquisas relativas a grupos minoritários: negros, população rural, pessoas culturalmente pobres. Nesse quadro, os testes têm sido apenas instrumentos usados por pesquisadores para, conforme realça Rosenthal, confirmar suas crenças, anteriores ao empreendimento da pesquisa.

Outras críticas têm sido feitas ao tratamento estatístico que é dado aos testes e que é responsável pela sua padronização. Algumas questões se impõem, neste caso:
- o instrumento é válido? por que se deveria acreditar que realmente mede o que pretende?
- é fidedigno? por que confiar que dará resultados consistentes de uma situação para outra?
- como pode uma amostra usada para padronizar o teste ser representativa?
- qual o papel da análise estatística?

O problema da validade, no caso de se medir o comportamento humano, pode tornar-se mais difícil, dadas as características decorrentes da complexidade do próprio objeto da medida. É que, além do controle e predição de realizações humanas, há pressões sociais e psicológicas que excedem a medida física.

Há comportamentos controvertidos (sociabilidade e honestidade, por exemplo) que se manifestam de maneiras diversas e que dificultam a validação de um instrumento destinado a medi-los.

A validade é uma função das características da amostra: sexo, idade, nível socioeconômico e da cultura; parece mais sensato, pois, falar-se de "validades" de um instrumento. Tem-se verificado que um teste válido para medir inteligência numa cultura dá realce a aspectos intelectuais valorizados por esta cultura e, quando aplicado a outra, pode constituir-se numa medida válida para raciocínio verbal, numérico ou outro fator de que é mais saturado.

Essas considerações clarificam a validade de certos instrumentos quando a amostra é constituída de indivíduos de nível socioeconômico alto, ou escolarizados, ou moradores em centros urbanos e sua inadequação para avaliar indivíduos provenientes de outros meios ou portadores de outro tipo de experiência.

A fidedignidade ou precisão refere-se a dois aspectos fundamentais da mensuração – até que ponto as partes ou itens do teste são semelhantes e inter-relacionados e qual a semelhança dos resultados do mesmo teste ao longo de aplicações sucessivas. Trata-se, pois, de uma qualidade relacionada com o desempenho instrumental constante em toda a extensão do teste (precisão de coerência interna) e em momentos diferentes.

Por definição, a precisão de um teste é um conceito relativo, quer quanto à coerência interna, quer quanto à estabilidade. Logo, um teste não tem uma única precisão, isto é, se determinado coeficiente é obtido uma vez, não se pode dar por encerrado o problema. A fidedignidade é uma função não apenas dos itens, da duração e do tempo, mas ainda das pessoas que respondem ao teste, das circunstâncias em que ele é aplicado. Qualquer que seja, pois, o coeficiente de precisão apresentado, seu valor é definido pelas características da amostra, pelas circunstâncias que determinaram os resultados dos sujeitos experimentais.

O questionamento da fidedignidade de um instrumento está ligado ao fato bem provado que tanto os testandos quanto os avaliadores variam de uma ocasião para a seguinte e isto é suficiente para colocar em dúvida a estabilidade de qualquer instrumento psicológico de mensuração.

A padronização de um instrumento é o processo de determinação das condições de aplicação e utilização e das normas de interpretação dos resultados, a fim de que ele apresente características operacionais peculiares.

Um importante elemento na padronização é a representatividade da amostra. A precisão e a validade existem em função das características da amostra, sobre cujos resultados calculam-se os coeficientes, em relação à amostra é que os dados adquirem seu sentido.

Facilmente, entretanto, a representatividade de uma amostra pode ser afetada pelo predomínio, no grupo, de pessoas que possuem determinada característica e pela ausência de elementos portadores de outra característica; a ausência de um ou outro elemento quando o teste é ministrado; todos estes eventos tornam a amostra tendenciosa ou incompleta. Por outro lado, mesmo amostras grandes e representativas de uma escola, ou área, ou estado podem diferir sistematicamente de outras escolas, áreas ou estados, e isto torna o "padrão" inadequado a outras populações.

Finalmente, que críticas podem ser feitas ao tratamento estatístico dos resultados dos testes? Por causa da conveniência ou utilidade estatística, a distribuição normal tem sido usada extensivamente em tentativas para tornar mais precisas as avaliações psicométricas. Trata-se de uma distribuição ideal, que tem uma fórmula matemática precisa e, consequentemente, torna possível efetuar várias operações estatísticas. Entretanto, não se pode perder de vista que nenhum conjunto real de medidas psicológicas se distribui normalmente; o artifício da curva normal é usado apenas para possibilitar a interpretação dos resultados.

A análise estatística pode apenas suplementar a apreciação geral dos dados numa avaliação psicológica. Se a mensuração está debilmente fundamentada ou feita imprecisamente, nenhuma manipulação estatística anulará os defeitos.

Análise estatística é apenas um artifício destinado a evitar imprecisões e falácias desnecessárias; ela não pretende responder, por si mesma, problemas substanciais. Para que possa ser eficiente, a análise estatística deve ser suplementada por árdua reflexão a respeito dos problemas que não lhe é possível resolver.

2.4 Aplicabilidade à educação

A apropriação da Psicologia Experimental pela Psicologia da Educação se deu de maneira artificial e imprópria, prestando-se muito mais para alertar para a negação das "universalidades" do que para confirmá-las. Em lugar de confirmar que há respostas universais aos estímulos que atingem o homem, a escola, a cada dia, confirmava as diferenças individuais.

A origem da Psicologia Experimental está ligada à evolução da Biologia – o método, como vimos, era o utilizado nas ciências biológicas e os laboratórios chegavam a confundir-se com ou eram os próprios laboratórios de Fisiologia. O objeto de estudo da Psicologia passou a ser a sensação e outros processos, cujo caráter fisiológico é bem evidente. Parece natural que neste quadro evolutivo os estudos de Psicologia Experimental tenham usado, prioritariamente, os animais como sujeitos.

Por motivos éticos, não tardou que protestos se levantassem contra as generalizações da experiência com animais para a sala de aula. A transformação dos alunos em cobaias com as quais deveriam ser testados os vários procedimentos educacionais também provocou protestos de alguns.

Foi a Psicologia Experimental europeia (e não a americana) que, mesclada à influência da Psicometria, conseguiu penetrar no meio educacional. A análise do efeito de inúmeras variáveis sobre a aquisição e retenção de uma aprendizagem tornou-se objeto de estudo e, posteriormente, de aplicação, para que se obtivesse melhor rendimento dos alunos[2]. Aqui se incluem os estudos de Ebbinghaus sobre a memória e fatores que atuam sobre ela; o efeito da prática maciça comparada à prática distribuída; a aprendizagem do todo x aprendizagem por partes; os efeitos da atividade ou "set"; os estudos sobre o nível ideal de motivação para aprender; a influência da repetição sobre a aprendizagem.

Também na linha europeia, foi usada a caracterização de crianças com base em testes e a organização dessas crianças em grupos (de controle e experimental), a fim de verificar a eficácia de certos procedimentos pedagógicos.

Tratando-se da utilização do modelo americano de psicologia experimental à psicologia da educação, o caminho seguido foi bem diverso. Inicialmente, os laboratórios nos quais se realizavam experiências com animais funcionavam em locais distantes das escolas e diziam respeito à pesquisa de psicologia pura, não tendo ligações com a pesquisa de psicologia educacional. Em segundo lugar, os especialistas em assuntos educacionais eram mais frequentemente filósofos e raramente psicólogos, não sendo muito comum que pesquisadores do campo psicológico estivessem também interessados em pesquisas educacionais. Na realidade, as duas áreas de pesquisa geralmente correram paralelas.

Quanto à aplicabilidade em salas de aula das pesquisas realizadas em laboratórios com animais, parece-nos que deva ser obe-

---

[2]. Cf., a respeito, o livro de SAWREY, J.M. & TELFORD, C.W. *Psicologia Educacional*. Rio de Janeiro: Ao Livro Técnico, 1964.

decido um longo percurso. Hilgard, em livro de Stones, citado em nossa bibliografia, estabelece etapas desde a mais pura investigação da aprendizagem, até a investigação mais aplicada, que é a mais próxima de uma prática escolar. Sem seguir precisamente a sugestão deste autor, em termos bem simples, deveriam ser observados os seguintes passos:

1) pesquisas processadas em laboratórios, com animais, sobre assuntos não diretamente ligados ao desempenho escolar. Ex.: labirintos para animais;

2) pesquisas processadas em laboratórios, com animais, sobre assuntos ligados ao desempenho escolar. Ex.: formação de hábitos e condicionamento de animais para emitirem certas respostas;

3) pesquisas realizadas em ambientes de laboratório, com pessoas humanas, sobre temas ligados à aprendizagem extraescolar e escolar. Ex.: estudos sobre a reaprendizagem; estudos sobre os efeitos do treino sobre a retenção da aprendizagem;

4) estudos realizados com grupos experimentais no próprio ambiente escolar, mas atingindo apenas uma pequena parcela da amostra de alunos;

5) utilização das conclusões obtidas em classes de demonstração em algumas escolas, tendo-se o cuidado do acompanhamento e registro dos resultados;

6) aplicação a toda a amostra escolar das conclusões obtidas com os grupos citados.

Hilgard considera que a missão da ciência pura é a descoberta, enquanto à ciência aplicada cabe a utilização dessas descobertas pelos especialistas de cada área. Sem pretender um distanciamento entre estas duas áreas da ciência, que resultaria também numa separação entre teoria e prática, deve-se construir uma ponte de união desde os estudos experimentais sobre aprendizagem até os procedimentos que devem ocorrer na classe. Isto exige uma estreita colaboração entre o psicólogo, o especialista em uma disciplina e o professor. Só este trabalho integrado é capaz de prover uma verdadeira renovação escolar que se valha das contribuições da Psicologia Experimental.

A Psicometria, de modo mais preciso e marcante, exerceu sua influência sobre a educação. É útil lembrar que os testes de inteligência surgiram exatamente de uma necessidade educacional e ofereceram uma explicação "científica" para o insucesso escolar, inaugurando a ênfase que passou a ser dada às diferenças individuais e à influência das aptidões.

O surgimento da Psicometria inaugurou uma nova era em educação e reservou à Psicologia Educacional o lugar de destaque que ela ocupou durante anos no quadro dos currículos destinados à formação do educador.

Foi graças à Psicometria que se tornou possível uma caracterização mais completa do indivíduo, tomando-se por base sua inteligência, suas aptidões específicas, seus interesses, e até mesmo sua personalidade. A escola passou a dispor, assim, de instrumentos considerados infalíveis para detectar principalmente as aptidões (aptidão geral ou inteligência e aptidões específicas) do escolar, podendo, com isto, promover agrupamentos homogêneos, encontrar justificativas para o fracasso escolar e mesmo planejar o ensino conforme as condições atuais do aprendiz.

Há, sem dúvida, um grande mérito nestes instrumentos, notadamente porque permitiram analisar variáveis ambíguas como a inteligência, distinguir as diferentes aptidões específicas e explicitar cada uma delas. Além disso, é inegável a contribuição que pode trazer a um professor o conhecimento de todas as características de seus alunos, especialmente se a mensuração foi feita em condições ideais, que assegurem um critério de verdade das conclusões.

Deve-se, contudo, descortinar o caráter ideológico da apropriação da Psicometria pela escola. Ela veio justificar a divisão de classes, evidenciando que os mais bem-dotados eram realmente os que pertenciam aos grupos socioeconômicos mais elevados e que, obviamente, constituíam a classe dominante. Assim, mediante argumentos científicos, a Psicometria contribuiu não só para reproduzir na escola a estrutura social mais ampla, mas sobretudo para perpetuar esta estrutura.

As variáveis inteligência e nível socioeconômico, sucesso escolar e extraescolar, que constituem, na realidade, variáveis intervenientes, passaram a ter conotação causal – inteligência passou a ser interpretada como variável independente e as demais como variáveis dependentes, numa tentativa de se estabelecer uma relação de causa e efeito.

A Psicometria, apregoando a objetividade da medida psicológica e supervalorizando a Estatística aplicada às ciências humanas, abriu espaço, no âmbito da escola, para as medidas educacionais. Surgiram, assim, os testes de desempenho escolar, organizados de acordo com os mesmos padrões dos testes psicológicos e valendo-se da Estatística para a análise da distribuição dos resultados[3].

A avaliação educacional voltada para a objetividade, que deu origem inclusive à expressão "medidas educacionais", tem, também, um sentido oculto, que é o controle do comportamento e a aceitação do ponto de vista de que é a escola (e não o aluno) que sabe "o que" se deve aprender e que o sucesso do indivíduo fica condicionado ao fato de ele saber exatamente o que lhe é proposto durante o curso.

Foi também graças à Psicometria que a pesquisa educacional ganhou novo impulso, passando a ocupar-se de estudos comparativos sobre os resultados de indivíduos com características semelhantes. A correlação de resultados de testes de inteligência com resultados de testes de desempenho escolar marcou sua época, e não tardou o surgimento de pesquisas que se valiam da análise de variância, sofisticando a interpretação dos resultados.

Respeitadas as limitações da Psicologia Experimental e da Psicometria, principalmente quando se analisa seu caráter ideológico, ambas as tendências e, de modo singular, a Psicometria, tiveram lugar de destaque na educação, despertaram para as diferenças individuais e grupais e ainda constituíram, durante certo período, o que se convencionou chamar Psicologia da Educação, como mostraremos no último capítulo.

---

3. Cf., a este respeito, NOLL, Victor. *Manual sobre medidas educacionais*. São Paulo: Pioneira, 1965 [Trad. de Miriam e Dante Moreira Leite].

Referências

ANASTASI, Anne (1965). *Testes psicológicos.* São Paulo: Edusp [Trad. Dante Moreira Leite].

ANZIEU, Didier (1978), *Os método projetivos.* Rio de Janeiro: Campus [Trad. Maria Lúcia do Eirado Silva].

FOULQUIÉ, Paul & DELEDALLE, Gérard (1977). 4. ed. *A psicologia contemporânea.* São Paulo: Nacional [Trad. Haidée Camargo Campos].

McFARLAND, H.S.N. (1977). *Teoria psicológica e prática educacional.* Porto Alegre: Globo [Trad. Jurema Alcides Cunha].

ROSENTHAL, Robert (1966). *Experimenter Effects in Behavioral Research.* Nova York: Appleton-Century Crofts.

PIAGET, Jean & FRAISSE, Paul (1972). *Tratado de psicologia experimental.* Vol. 1. 2. ed. Rio de Janeiro: Forense [Trad. Agnes Cretela].

THORNDIKE, Robert L. & HAGEN, Elizabeth (1973). *Testes y técnicas de medición en psicología y educación.* México: Trillas.

3
O comportamentismo

3.1 O cenário: do surgimento da Psicologia Científica à estruturação do sistema behaviorista

O percurso histórico: da refutação do cartesianismo à psicologia fisiológica

A chamada Psicologia Científica do século XIX derivou-se de dois grandes movimentos: a crítica ao racionalismo cartesiano e o surgimento da teoria positivista da ciência. No Discurso do Método, o ceticismo de Descartes levou-o a duvidar de sua própria existência. O "cogito, ergo sum" é aceitação pelo filósofo do seu próprio status existencial, com base no fato de que pode duvidar dele.

Descartes procurou, sem sucesso, tratar dedutivamente o dualismo corpo-alma, perdendo-se, de um lado, na descrição mecanicista do corpo – numa época em que a anatomia e a fisiologia eram praticamente nascentes – e, de outro, no subjetivismo de uma análise imprecisa dos dados sobre a consciência, fornecidos pela introspecção. Para ele, nossa experiência imediata consistia apenas naquilo que está em nossas mentes – os perceptos e os pensamentos – e matéria é, portanto, logicamente anterior à experiência que se tem dela. Na mesma linha de pensamento, a ideia de Deus é algo indissociavelmente ligado à mente do ser racional. Registra-se aí a orientação racionalista de Descartes e o motivo de ele ser considerado inatista.

Entretanto, deslocando-nos do domínio das verdades metafísicas para o do conhecimento factual, verifica-se que a epistemologia cartesiana se torna progressivamente materialista, sensorialista e reducionista. Seu interesse pelas sensações e movimentos do homem e dos animais, suas explicações biológicas só vieram a público após sua morte e evidenciaram o caráter materialista de suas explicações.

A primeira oposição a Descartes partiu de Pierre Gassendi, um dos filósofos mais influentes do século XVII. No século seguinte, Tomas Hobbes, John Locke, David Hume e George Berkeley contestaram Descartes e admitiram que o conhecimento é baseado na experiência e, consequentemente, negaram a possibilidade do inatismo. Esses filósofos davam início, então, ao movimento denominado empirismo inglês e foram plenamente acatados pelos filósofos franceses.

Em seu país de origem, o empirismo não ficou rigidamente ligado ao materialismo. Nem Locke nem Hume estavam muito preocupados com a fundamentação fisiológica da vida mental; Hobbes, que os precedeu, era um filósofo político, que considerava a razão fator determinante na orientação do comportamento, e Berkeley chegava a negar *status* existencial à matéria. Na França do século XVIII, entretanto, materialismo e empirismo se tornaram muito unidos e, provavelmente, a explicação para isto foi a oposição generalizada ao cartesianismo. Assim, o empirismo de Locke foi preferido ao racionalismo de Descartes e a física de Newton foi preferida aos vértices cartesianos.

Concomitantemente, a anatomia e a fisiologia atingiam seu momento áureo, "descarnando" o autômato de Descartes e trazendo certo grau de credibilidade às filosofias mecanicistas da mente.

O século XIX inventou a psicologia fisiológica como nós a conhecemos – reunindo os dados da clínica, do laboratório e da mesa de dissecação. A frenologia de Francis Gall, refinada por John Caspar Spurzheim, vinha propor uma hipótese de localização da função para explicar as faculdades psicológicas, morais e intelectuais. As ciências neurológicas também contribuíram para determinar o estilo da moderna psicologia fisiológica – Charles Bell, em 1811, e François Magendie, em 1822, demonstraram a separação anatômica entre as funções sensoriais e motoras na medula espinhal. Por volta de 1830, Marshall Hall, na Inglaterra, e George Prochaska haviam incorporado essa conclusão (a lei Bell-Magendie) aos estudos de organização reflexa e, por consequência, estabelecido as bases para a "reflexologia psicológica" de Pavlov. Em 1850, Helmholtz oferecia medidas de velocidade de condição nervosa e, em 1860, Broca descobria o centro da fala. Dez anos depois, Fritsch e Hitzig mostravam que era possível induzir movimento num cão por estimulação de certa área de seu cérebro e, em 1876, Ferrier observava que "a ideia de que o cérebro é o órgão da mente é um axioma universalmente aceito".

A partir do empirismo inglês e escudados na doutrina positivista de Comte, que consideraremos à parte, os alemães pretenderam fazer algo novo no domínio da Psicologia. Herbart procurou aplicar a matemática à psicologia, mas não conseguiu realizar experiências psicológicas sistemáticas em laboratório. Foram os fisiologistas E.H. Weber (1795-1878) e W. Fechner os primeiros a estabelecer relações mais próximas entre fisiologia e psicologia, graças a seus estudos sobre sensações táteis e visuais. Johannes Müller (1801-1858), um dos fundadores da medicina positiva, formulou a teoria da energia psíquica dos nervos, e Helmholtz realizou estudos de psicofisiologia animal.

Entretanto, foi só em 1879, com a criação, em Leipzig, do primeiro laboratório de psicologia por W. Wundt, que se admitiu realmente o nascimento da psicologia fisiológica. O método usado, considerado experimental, constituía apenas um tipo de introspecção – o sujeito era treinado para comunicar ao psicólogo suas impressões, e este se transformava em mero observador de comportamentos expressos. Anos depois, compreender-se-ia que esta psicologia pseudoempírica dos alemães correspondia a uma psicologia metafísica, travestida pela introspecção.

Através desta introdução, verifica-se que a psicologia, em seu processo de constituição como ciência do homem, em sua busca de autenticidade, sofreu dois grandes cortes epistemológicos: o primeiro ocorreu quando, não pretendendo dedicar-se à tarefa do conhecimento abstrato e reflexivo, procurou romper o cordão umbilical que a ligava à Filosofia. O segundo corte decorre do primeiro – quando a Psicologia, no século XIX, aliou-se a uma perspectiva chamada científica, constituída pelo âmbito das ciências físicas, biológicas ou psicoquímicas, cujo estatuto de cientificidade era reconhecido por todos.

Assim, para escapar ao imperialismo filosófico, a psicologia se escudava no imperialismo das ciências físico-químicas e biológicas e, em consequência, se via ameaçada por um duplo reducionismo.

O clima positivista

O nascimento da Psicologia Científica se deu num clima intelectual banhado pelo positivismo comtiano que, por sua vez, veio revigorar e conferir direitos de cidadania ao velho empirismo inglês.

Augusto Comte (1789-1857), um filósofo francês a quem se costuma atribuir o título de fundador da Sociologia, é o autor do termo positivismo. Perturbado pela desordem política que se seguiu à Revolução Francesa, Comte pretendeu organizar a sociedade de modo mais racional e viu na ciência o recurso mais adequado para o atingimento deste objetivo. De forma ampla, o positivismo representa um movimento bem definido na história do desenvolvimento intelectual do homem, que se caracteriza pela "tentativa de aplicar aos problemas humanos os métodos e princípios das ciências naturais".

Não se pode afirmar, contudo, que houve um corte epistemológico marcado pela divisão nítida entre as concepções clássicas e a visão positivista do homem. Thomas Hobbes, ainda no século XVII, defendeu a aplicação das leis do movimento de Galileu ao comportamento humano. Mas foi no século XIX que a influência do positivismo sobre a construção da ciência humana ganhou, realmente, aceitação maior. Marcando essa influência tem-se a publicação da obra de Darwin *A origem das espécies*, que, reduzindo a distância entre o homem e o animal, possibilitou ser enquadrada no rol das ciências biológicas de Leipizig, que forneceu precedentes para a base experimental em que posteriormente se assentou a psicologia.

O duplo objetivo a que se propôs Augusto Comte foi, de um lado, delimitar as fronteiras da ciência contra toda e qualquer incursão possível da metafísica e, de outro, fixar os princípios e métodos das ciências, tomando como base os métodos da física ou da química.

No primeiro caso, Comte interpretava a psicologia como herdeira da "*psychologia rationalis*", ou seja, uma "filosofia do espírito" à maneira de Hegel. Manter a hegemonia dessa disciplina intelectual, representativa da era teológica e de suas sobrevivências metafísicas, era indesejável. Em consequência desse aspecto, Comte pretendia reduzir a psicologia empírica a simples fisiologia animal, e por isto considerava a introspecção ou observação interna como uma contemplação ilusória do espírito e pretendia afastá-la. Para ele, o espírito humano, considerado em si mesmo, não pode ser sujeito de observação. O homem não poderá observar diretamente suas operações intelectuais; se observar os órgãos responsáveis por estas operações, cairá no domínio da fisiologia e se observar os resultados das operações intelectuais entrará no domínio da filosofia das ciências.

Proscrevendo radicalmente a introspecção e a psicologia fundada no método de observação externa, Comte assumia uma posição radical, que P. Greco chamou "o veto positivista". Provavelmente, foi este veto que a epistemologia da psicologia atual pôde interpretar como fator de influência sobre os comportamentistas.

Entretanto, apesar da doutrina de Comte, a psicologia do comportamento teve de aguardar cerca de 80 anos até que constituísse seu estatuto de cientificidade "pública", reconhecido a partir do trabalho de Watson. A Psicometria, cujo principal representante foi Binet, vai situar-se no período intermediário entre o programa positivista e o manifesto behaviorista de Watson. É neste período que se desenvolve, também, o trabalho do fisiologista russo Ivan Pavlov e de Bechterew sobre os reflexos condicionados, pesquisa que se iniciou no campo da fisiologia (estudo das glândulas salivares) e que culminou na tentativa de se estabelecer para a psicologia uma linguagem e um método científicos. O maior mérito da pesquisa pavloviana consistiu exatamente na tentativa de excluir da coleta e interpretação dos resultados experiências anteriores, atendo-se apenas ao que era observável diretamente e que poderia receber a mesma designação por parte dos vários investigadores. Há de se entender, também, o positivismo como uma posição epistemológica. O rumo subsequente deste positivismo filosófico foi marcado por uma abordagem mais austera, surgida na década de 1920, com a formação do Círculo de Viena, um grupo de filósofos, matemáticos e cientistas (entre eles Carnap, Neurath e Reichenback) que se empenhou em reformar a filosofia e expurgá-la da metafísica.

Mais rigoroso, este neopositivismo manteve o compromisso comtiano de considerar a ciência o único veículo de progresso, mas eliminou drasticamente do discurso humano questões metafísicas ou questões de valor e moralidade e passou a considerá-las meramente não científicas. Os únicos enunciados merecedores de consideração eram os científicos, isto é, aqueles cujo conteúdo pode ser publicamente verificado. O rompimento entre o mundo da ciência e o mundo dos valores e a transferência destes últimos para o domínio do absurdo teve um efeito desastroso sobre a nossa cultura intelectual – o cientista passou a desconsiderar os aspectos morais de sua pesquisa.

Por influência de Wittgenstein, discípulo de Bertrand Russel, o neopositivismo vienense passou à Inglaterra, onde se constituiu o Positivismo Lógico, liderado por A.J. Ayer, Wisdom e G. Ryle, o chamado "Grupo de Oxford".

No tocante à psicologia, algumas tendências do positivismo lógico devem ser realçadas. Inicialmente, passou-se a rejeitar a introspecção, admitindo que a ciência deva buscar-se em descrições de fatos elementares – "átomos de experiências" – , percepções simples, inequívocas, sobre as quais não deve haver discordância entre os observadores. Isto supõe que o significado de um enunciado científico deve ser idêntico ao método empregado para verificar suas partes constituintes. Trata-se do operacionismo que se apresenta em psicologia como uma tendência para definir uma operação psicológica pelas operações usadas para medi-la (ex.: inteligência é o que se mede pelos testes).

Outra tendência é o fisicalismo – como todos os enunciados de uma ciência devem ser reduzidos a proposições mais simples que descrevam o comportamento físico dos corpos, conclui-se que todas as proposições válidas devam ser traduzidas para a linguagem da física. Trata-se de um reducionismo, de acordo com o qual a psicologia, quando alcançar a maturidade, será absorvida pela ciência universal da física; em outras palavras, todo o comportamento humano deverá ser explicado, em última análise, pelo funcionamento do sistema nervoso.

Infere-se que, para o positivismo lógico, uma ciência é constituída de uma coleção de fatos e o papel da teoria limita-se à organização desses fatos, num sistema logicamente coerente, a partir do qual os fatos possam ser reduzidos e novos fatos previstos. Em suma, o Círculo de Viena se propunha prescrever como a ciência deve ser realizada, e não descrever como ela realmente é feita.

O ambientalismo americano

O ambientalismo americano do início do século XIX em parte resultava da herança empírica britânica e em parte constituía uma reação ao nativismo alemão, sobretudo após a Primeira Guerra Mundial. Já no século XVIII, David Hartley, um médico erudito, tomou as ideias de Locke e desenvolveu o associacionismo a partir do empirismo, postulando a existência de ações vibratórias no sistema nervoso, as quais correspondiam às ideias e imagens.

Posteriormente, Thomas Brown, James Mill e Alexander Bein trataram diferentemente o problema da associação e, nas últimas décadas do século XIX, a associação de ideias foi gradualmente sendo substituída pela associação de estímulo e resposta.

O sistema de valores do povo americano é outro fator que merece ser realçado – combinando as mentalidades de fronteira e o puritanismo, atribuía-se grande importância ao trabalho e à orientação divina como necessidades básicas para o sucesso na vida. Rejeitando a aristocracia e o valor do *status* que se baseasse nas condições da família, a sociedade americana não fixava limites à possibilidade de realização de qualquer ser humano, se ele fosse trabalhador e "temente a Deus" (influência significativa do protestantismo). Desse modo, a ciência social americana confirmava o que era ditado pelos valores culturais – o meio ambiente era, sem dúvida, o grande responsável pela "natureza humana".

No âmbito da sociologia, a Escola de Sociologia de Chicago, a Escola de Margareth Mead (1934) e Burgess (1929) davam ênfase à modelação ambiental do eu e da personalidade. O eu (self) originava-se na "apreciação refletida" de pessoas significativas durante a interação social.

Em antropologia, vários investigadores, e, entre eles, Ruth Benedict, demonstraram a origem ambiental da natureza humana.

Em psicologia, o ambientalismo teve seu primeiro e grande representante em J.B. Watson, cuja declaração tornou-se célebre: "Deem-me uma dúzia de crianças saudáveis, bem formadas, e o mundo que eu especificar para criá-las e garanto poder tomar qualquer uma ao acaso e treiná-la para ser o especialista que se escolher – médico, advogado, artista, gerente comercial e até mesmo mendigo ou ladrão, independentemente de seus talentos, inclinações, tendências, habilidades, vocações e da raça de seus ancestrais".

Com esta força dada aos efeitos do ambiente, Watson lançava o behaviorismo e transformava o estudo da aprendizagem – modificação do comportamento como resultado da experiência – em tópico dominante da psicologia americana durante três décadas.

A partir de 1960 houve uma mudança drástica nas atitudes das ciências sociais nos Estados Unidos e isto pode ser associado a algumas forças sociais. Inicialmente, registrou-se significativa mudança no sistema de valores americano. O desaparecimento da fronteira, a grande depressão da década de 1930 e a redução da importância dada à religião determinaram um afastamento significativo do individualismo e uma preocupação cada vez maior com a responsabilidade social pelos desfavorecidos.

Todo este movimento, iniciado com a legislação de 1930 sobre o bem-estar e a segurança sociais, teve seu amadurecimento nos anos de 1950 e culminou com o movimento dos direitos civis em 1960. Grupos minoritários como as mulheres, os xicanos e os negros passaram a reivindicar iguais oportunidades na sociedade americana.

Implícito nessa mudança, estava o reconhecimento de que, numa sociedade complexa e pluralista, os indivíduos nem sempre são responsáveis por seu próprio destino – forças alheias ao seu controle podem determinar o comportamento das pessoas. A influência dos fatores genéticos sobre o comportamento pas-. sou a merecer especial atenção e foi seguida de extraordinário desenvolvimento da biologia e da fisiologia experimental. Uma vez reconhecido o papel dos genes sobre o comportamento, posições radicais como a de Jensen (1969) sobre a inteligência dos negros ou o nativismo de Lévi-Strauss e de Chomsky ocuparam o cenário e influenciaram significativamente as ciências sociais.

A mudança do individualismo para a responsabilidade social teve outra consequência – o reconhecimento das limitações humanas impostas de fora (o controle). No final da década de 1930 a pesquisa psicológica era toda ela centrada no estudo da aprendizagem (especialmente a de labirinto) e isto perdurou até os finais da década de 1950. É interessante assimilar, contudo, que uma das vozes mais poderosas contra a esterilidade da pesquisa de aprendizagem de labirinto foi a de um investigador do comportamento animal. Embora pareça estranho, a publicação da obra de Skinner, *The Behavior of Organisms* (1938), causou o maior impacto sobre a psicologia da época. O autor desafiava a infrutífera fixação da psicologia à física como modelo de ciência e argumentava que no seu atual estado a psicologia não justificava a experimentação apurada nem a teorização matemática. Só uma pessoa de dentro do sistema, como Skinner, poderia ter feito tal crítica.

As convulsões sociais no final da década de 1950 e começos de 1960 fizeram com que a sociedade se voltasse para a psicologia a fim de obter ajuda em problemas como a educação dos negros, a atuação mais eficaz do governo para promover o tratamento igualitário dos cidadãos, a compreensão da liberdade humana e de seus limites. É nítida na obra de Skinner a influência dessas preocupações quando em *Ciência e comportamento humano* e *O mito da liberdade* ele passa da teoria da aprendizagem para a abordagem do comportamento humano face aos diversos agentes controladores – o governo, a família, a religião, a cultura – e analisa os fundamentos da liberdade e dignidade humanas. Subitamente, a psicologia assimilava a mudança da preocupação das ciências sociais e se deparava com um novo conceito – o de relevância –, pois a sociedade reclamava uma psicologia viável do comportamento humano.

Não é de se admirar que, neste clima político e social, a obra de Skinner – *Beyond Freedom and Dignity* – provocasse, no Congresso Americano, acirradas discussões quando publicada, em 1971.

O sistema behaviorista

Provavelmente, a maneira mais adequada para se compreender a posição de B.F. Skinner consiste em situá-lo dentro do sistema behaviorista. A expressão "sistema psicológico" passou, nos últimos anos, a ter um uso tão comum nos textos e artigos acadêmicos que se chegou a sugerir que haja certa concordância geral acerca do que é exatamente um sistema.

A psicologia, como qualquer outra ciência, está situada na tela mais ampla da história intelectual; em consequência, qualquer sistema psicológico será um sistema de pensamento. O que nos leva a considerar o sistema behaviorista como tal não é o fato de que todos os psicólogos chamados behavioristas comunguem os mesmos princípios ou tenham chegado às mesmas conclusões. Na verdade, somente uma reduzida parcela do enorme compêndio da psicologia pode, hoje, ser qualificada como sistema de psicologia e, mesmo assim, com certa frouxidão, pois, para que exista um sistema, os trabalhos psicológicos devem, de acordo com Robinson (1982), contar com: a) um componente metafísico discernível, que estabeleça o conteúdo ontológico da escola ou teoria e as regras epistemológicas através das quais se integram o método, a teoria e as provas; b) um caráter propositivo, para que o crítico determine as alegações da escola ou teoria, assim como os critérios comprobatórios ou lógicos que ela visa satisfazer.

A função dos sistemas é tripartida e consiste em:
a) organizar os fenômenos – isto geralmente se expressa sob a forma de uma classificação ou taxonomia dos fenômenos;

b) explicar a ocorrência dos fenômenos, o que é geralmente feito sob a forma de teorias;

c) estabelecer padrões descritivos que permitam avaliações não ambíguas da organização e explicação adotadas – é o que constitui a chamada metodologia.

Quando incluímos a produção científica de B.F. Skinner no sistema behaviorista ou comportamentista, estamos tentando evidenciar, justamente, que seu trabalho tem em comum com os de Watson, Clark Hull, Estes, Guthrie e alguns outros os pontos enfatizados anteriormente.

Uma análise mais criteriosa do behaviorismo vai mostrá-lo como uma perspectiva altamente diversificada e mutante. Na psicologia, ele é mais uma "cultura" que uma "escola", mais um hábito de raciocínio, do que um sistema.

A afirmativa de que J.B. Watson é o "pai" do behaviorismo norte-americano; de que Pavlov foi provavelmente o "avô" desta escola; de que Thorndike fez de suas experiências o berçário da doutrina em rápido desenvolvimento explica apenas parcialmente a realidade; pois a moderna perspectiva behaviorista difere consideravelmente da adotada pelos citados precursores.

O que os behavioristas de qualquer época compartilham é o desejo de parcimônia explicativa e uma inclinação decididamente pragmática, aliados a uma grande fé na análise, reducionista da conduta animal e humana. São precisamente essas características que podem ser encontradas em todos os períodos do discurso especulativo sobre a natureza do homem e da sociedade.

Em um nível mais técnico, os behaviorismos de todas as épocas têm em comum a aceitação explícita ou silenciosa de uma ou outra forma de associação. Sejam quais forem as doutrinas behavioristas, mesmo as mais modernas, que têm como seu principal expoente Skinner e seus seguidores, todos têm em comum a adesão a uma psicologia associacionista e hedonista, que aspira encontrar explicações para toda a amplitude da conduta animal e humana sem recorrer a qualquer consideração que exceda "o reforço", nem mesmo a pequenas variações genéticas mais ou menos fixas que possam explicar as exceções.

É, pois, neste quadro teórico que se pode situar B.F. Skinner, cuja visão do homem e da sociedade exige uma compreensão de conceitos como "associação", "reforço" e "conduta".

Provavelmente, uma breve análise da proposta teórica de alguns behavioristas clarificará a compreensão do sistema.

Três pontos fundamentais destacam-se no pensamento de Watson: a rejeição da introspecção, a crença de que o ambiente, mais do que a hereditariedade, determina o comportamento humano e a afirmativa de que o efeito deste ambiente se dá principalmente através de um processo de condicionamento de reflexos.

Tendo rejeitado a introspecção como fonte insatisfatória de dados, Watson admitia que a ciência, sendo um processo público, devia ignorar a consciência privada e lidar apenas com os fatos que são acessíveis a todos. Estava aqui implícita uma distinção entre subjetivo e objetivo, apesar de, obviamente, permanecer aberta para qualquer um a valorização maior do subjetivo. Além de sugerir que o pensamento humano pode permitir um registro objetivo, feito por equipamentos bem sensíveis, Watson propôs que a medida corporal poderia substituir os "sentimentos" dos introspeccionistas. Deve-se observar que estas são sugestões sobre questões de fato e, portanto, bem diferentes da rejeição da experiência consciente, que era uma regra de procedimento.

A crença extrema no ambiente era também uma ideia a respeito de fatos, e Watson levou-a a um ponto em que à hereditariedade quase não era atribuído peso na determinação do comportamento. Dois fatores influenciaram, de modo especial, essa conclusão radical: o primeiro, a tradição da Psicologia ortodoxa, que se orientava nessa direção – o conhecimento do mundo externo nos vem através dos sentidos e, assim, a maioria dos conteúdos da vida mental só poderia ser adquirida através da aprendizagem. O segundo fator consiste em que quaisquer explicações das ações de um animal (ou homem), em termos de sua experiência passada, têm a vantagem de serem dadas em termos de eventos que podem ser observados.

A importância atribuída por Watson à aprendizagem vem como uma consequência natural de sua rejeição da introspecção, mas não há uma conexão necessária entre as duas.

A ênfase watsoniana ao reflexo condicionado tornou-se pública pela primeira vez em 1916, quando proferiu o discurso presidencial na American Psychological Association, ocasião em que apelou para o trabalho experimental de Pavlov sobre os reflexos condicionados para explicar as unidades a partir das quais as ações mais complexas resultantes da aprendizagem (hábitos) se tornavam explicáveis. Desse modo, não seria mais necessário apelar para faculdades não observáveis dentro da mente para explicar comportamentos complexos de homens e animais adultos.

Pouco antes do início deste século, um psicólogo americano, Edward L. Thorndike, notou que a repetição de um ato que causava um resultado desejável aumentava a probabilidade de ocorrência desse ato – era a Lei do Efeito. Seus experimentos foram feitos exclusivamente com animais. Entretanto, graças à influência do evolucionismo, que aproximou comportamento humano e animal, a Lei do Efeito voltou a ser a pedra angular do behaviorismo, associada, desta vez, ao nome de Clark Hull que, na década de 1930, erigiu uma teoria detalhada e específica, tratando da motivação – o animal privado (motivado) estava sob influência de um impulso e a redução do impulso era a recompensa ou "reforço" que tornaria as ações imediatamente anteriores mais prováveis de aparecer no futuro. Além disso, Hull introduzia uma nova modalidade de tratamento do método científico – a teoria é proposta, alguma predição é feita a respeito dos fatos por argumentação lógica a partir da teoria e então se efetua um experimento para testar a predição. Se os resultados sustentam a predição, a teoria é mantida com maior confiança.

No final da década de 1930, o sucesso da Lei do Efeito foi abalado pela descoberta de que, além das recompensas, há punições, isto é, situações que o homem ou o animal procuram evitar. A explicação da recompensa, assim como da punição, tornava-se explicável por um teórico – Tolman – que admitiu a construção de uma espécie de modelo do mundo real dentro do sistema nervoso, quer quando se é gratificado, quer quando se tenta o comportamento de esquiva. A teoria de Tolman é a única teoria behaviorista que explica a aprendizagem segundo um modelo hipotético-dedutivo.

Divergindo dos behavioristas seus contemporâneos, Skinner, outro psicólogo que se tornou celebrado na década de 1930, rejeitou totalmente o estudo de quaisquer tendências inobserváveis. Skinner supervalorizava, também, o valor da recompensa (reforço positivo), a fim de produzir aprendizagem permanente; chamou atenção para a regularidade da recompensa (reforço contínuo e intermitente) e propôs que se estendesse aos seres humanos o conjunto de regras obtido na pesquisa com animais.

3.2 Skinner: o homem e a obra

Burrhus Frederic Skinner nasceu em Susqueliana, Estado de Pensylvania, a 20 de março de 1904. Coincidentemente, neste mesmo ano, Pavlov recebia o Prêmio Nobel de Medicina.

Durante a infância e a adolescência de Skinner, teve lugar a ocorrência de uma série de acontecimentos que viriam depois a influenciar significativamente sua produção científica. Entre 1910-1913, foi divulgada a publicação dos *Principia mathematica*, de Russel e Whitehad. Em 1912, Wertheimer publicou os seus *Estudos experimentais sobre a visão dos movimentos*, onde, pela primeira vez, foram expostos os princípios do gestaltismo.

Mais importantes para o trabalho de Skinner foram, contudo, a publicação da obra de Watson *Behavior: an Introduction to Comparative Psychology*, primeira sistematização do behaviorismo, e a publicação de Edward Lee Thorndike, de sua *Psicologia educacional*, obra em que clarifica o conexionismo e a possibilidade de sua aplicação. Em 1923, Conwy Lloyd Morgan publicou a *Evolução emergente*.

Graças à publicação das obras citadas e à teoria evolucionista de Darwin, o início do século XX assistiu a uma nova orientação da metodologia científica – anularam-se as fronteiras entre o humano e o animal e a Psicologia passou a ser considerada como o estudo do observável externamente no comportamento dos organismos, sem preocupar-se com a introspecção ou com o estudo de uma suposta "vida anterior".

Em 1931, Skinner doutorou-se em Psicologia pela Universidade de Harward. No ano seguinte, Tolman publicava o seu *Com-*

portamento intencional em homens e animais e, em 1936, ano em que morria Pavlov, Skinner começou a lecionar na Universidade de Minnesota. Já em 1937, a *Psychological Review* publicou o trabalho de Clark Hull, outro behaviorista — *Mente, mecanismo e comportamento*.

As diversas obras de Skinner foram publicadas na seguinte ordem: 1938 – *O comportamento dos organismos* – constitui o ponto de partida do pensamento de Skinner e estabelece a relação entre seu trabalho e a teoria pavloviana dos reflexos condicionados, à qual ele acrescentou o conceito de condicionamento operante. No ano seguinte, com a eclosão da Segunda Guerra Mundial, toda a psicologia volta sua atuação para os testes psicológicos, a fim de possibilitar aos indivíduos o exercício de atividades relacionadas às suas aptidões.

1948 – *Walden II* – é um romance no qual Skinner tenta retratar uma sociedade ideal, regida pelas técnicas de controle do comportamento humano. A comunidade idealizada por Skinner é uma sociedade ideal, onde não há violência, privilégios, separação em classes sociais, propriedade privada. Nesse livro, Skinner defende a tese de que a vida do homem pode ser boa e gratificante se, graças a um planejamento amplo, que vise ao maior bem para o maior número de pessoas, procure-se aplicar adequadamente os princípios da teoria do reforço.

1951 – No *Psychological Bulletin* é publicado o artigo "O uso humano de seres humanos", no qual Skinner realça o uso do controle do homem pelo homem, nas suas atividades diárias e no processo de socialização.

1953 – *Ciência e comportamento humano* é um dos livros mais completos de Skinner, no qual ele considera a possibilidade de uma ciência do comportamento humano, observando as objeções feitas a estas ciências. A seguir, o autor considera o indivíduo como um todo, o comportamento das pessoas em grupo e analisa o papel das diversas agências controladoras: o governo, a religião, a economia, a educação e a psicoterapia. Nesta obra ele analisa o controle do comportamento pela cultura.

1957 – Skinner publica o *Comportamento verbal* e, juntamente com C.B. Fester, *Esquemas de reforço*, trabalhos nos quais ele analisa detidamente o papel do reforço tanto sobre o comportamento verbal quanto sobre outros tipos de comportamento.

1961 – Em colaboração com J.G. Holland, publica um texto programado com o título *Análise do comportamento*, onde os princípios de reforço, modelagem, uso do condicionamento operante na educação, na psicoterapia e em outras situações são mostrados.

1967 – *Utopia graças ao controle do comportamento humano*, publicado no Listener, é um artigo em que ele mostra a impossibilidade de exclusão do controle, quando o indivíduo vive numa cultura que tenta sobreviver e o controle se apresenta como uma fuga ao despotismo.

1968 – *A tecnologia do ensino* é o livro no qual Skinner deixa mais evidente seu ponto de vista sobre as práticas escolares. Criticando as práticas tradicionais, ele aponta as vantagens do ensino programado e das máquinas de ensinar por ele desenvolvidas. Realizada por máquinas de ensinar, a programação do ensino consiste em meticulosa divisão do assunto em pequenos passos que o aluno percorre individualmente e que são reforçados quando se acerta. Desse modo, a aprendizagem torna-se rápida, eficiente e livre de notas baixas, reprovações ou outra forma de punição ou coerção. Para Skinner, de acordo com a teoria do reforço, é possível programar o ensino de qualquer disciplina ou de qualquer comportamento, incluindo nisto o pensamento crítico ou a criatividade.

1969 – *Contingências de reforço: uma análise teórica da obra de Skinner*, na qual ele trata, de maneira objetiva, o papel do meio ambiente, a resolução de problemas mediante o uso de reforços, a filogênese, ontogênese do comportamento e analisa as relações entre sua teoria e outros comportamentismos.

1971 – *Além da liberdade e dignidade humanas* (em português: *O mito da liberdade*) foi o mais comentado livro de Skinner. Nele, o autor afirma que há muito tempo o homem dispõe de liberdade e que esta deve ser substituída por um controle sobre a conduta e a cultura dos homens. Nesta obra Skinner critica o senso comum que costuma explicar as ações do homem, atribuindo-as a um agente inobservável (alma, psique, mente). Para ele, o homem autônomo serve para explicar apenas os eventos cujas causas ainda não identificamos. Sua existência depende de nossa ignorância e perde sentido na medida em que aumentamos nossos conhecimentos acerca do comportamento.

Os comportamentos humanos formam cadeias complexas e a constatação das inúmeras relações do condicionamento operante não está suficientemente à mostra para a observação comum. Por isto, é difícil identificar a complexa rede de acontecimentos gratificantes (reforço positivo) ou indesejáveis (reforço negativo) que estão presentes em todos os momentos da vida de uma pessoa.

O último capítulo da obra – O que é o homem – é o principal. Nele o autor afirma sua tese de que o homem é realmente controlado pelo ambiente, sendo este ambiente construído, em parte, pelo próprio homem. Uma visão científica do homem oferece possibilidades bem amplas e inesperadas, mas o próprio homem ainda não se deu conta do que pode fazer por si mesmo.

3.3 O sentido da natureza humana e o controle do comportamento

Durante muitos anos, o individualismo dominou o pensamento filosófico – acreditava-se que uma pessoa percebe o mundo em torno de si, seleciona os aspectos que lhe interessam, discrimina-os, julga-os bons ou maus, muda-os para torná-los melhor e pode ser responsabilizado por sua ação e punido por suas consequências.

A proposta de Skinner, baseada na análise científica do comportamento, consiste numa mudança radical nesse modo tradicional de pensar. Não existe nenhum grau de autodeterminação, autossuficiência ou autoconfiança capazes de nos tornar indivíduos, a não ser como simples membros da espécie humana.

De uma filosofia que dá ênfase ao indivíduo, Skinner propõe que se passe a outra que dê ênfase à cultura ou ao grupo. Mas ele não esquece que as culturas também mudam ou perecem e são criadas pela ação individual e sobrevivem apenas através do comportamento de indivíduos.

Geralmente, fala-se do ambiente social como a cultura de um grupo. No mais amplo sentido, a cultura se compõe de todas as variáveis que afetam o indivíduo e que são dispostas por outras pessoas. Uma cultura é, pois, enormemente complexa, e extraordinariamente poderosa, mas não é unitária, pois as inúmeras agências de controle que determinam sua formação costumam entrar em conflito.

O indivíduo é, afinal, um dos "outros" que exercem o controle e que, assim, agem em seu próprio benefício. Mesmo os que se sobressaem como revolucionários são produtos convencionais dos sistemas que derrubam. Usam a lógica e a ciência de sua cultura, falam a mesma língua, observam os princípios éticos e empregam as práticas e conhecimentos que a sociedade lhes deu. Apenas uma pequena proporção de seu comportamento é excepcional e não se pode atribuir suas contribuições originais a seu caráter milagroso de homem autônomo.

A análise experimental do comportamento proposta por Skinner transfere a determinação do comportamento do homem autônomo para o ambiente. Para ele, as versões iniciais do ambientalismo não explicavam como o ambiente funcionava e deixavam muito espaço para o homem autônomo. Atualmente, as contingências ambientais assumem funções antes atribuídas ao homem autônomo.

Para Skinner, uma visão científica do homem oferece possibilidades inesperadas. O homem não é uma vítima ou um observador passivo do que lhe acontece, pois ele é controlado por um ambiente que é, em parte, construído por ele mesmo. Deve-se, pois, concluir que a evolução de uma cultura é um exercício de autocontrole.

A aplicação de uma ciência do comportamento ao planejamento de uma cultura é uma proposta ambiciosa, geralmente considerada utópica. Uma ciência do comportamento ainda não está apta para resolver todos os problemas, mas é uma ciência em desenvolvimento. O importante não é tanto saber como resolver problemas, mas sim como buscar uma solução.

O ponto focal de toda a obra de Skinner é sua preocupação com a evidência de que a ciência tem aumentado o poder do homem de influenciar, modificar, modelar, ou, em uma palavra, *controlar* o comportamento humano. Tem-se utilizado uma tecnologia cada vez mais avançada e uma força especial advém das contribuições da antropologia, sociologia e psicologia. Propondo o estudo experimental do comportamento, Skinner pretende atingir variáveis que podem ser diretamente manipuladas.

Emergindo da análise experimental, a concepção skinneriana de comportamento vem desafiar os pontos de vista mais tradicionais, que argumentavam ser impossível uma ciência ordenada por uma lei, porque o homem é um agente livre e que predições meramente estatísticas deixariam sempre lugar para a liberdade pessoal.

A ideia de controle do comportamento sempre mereceu tanta rejeição que os maiores interessados em mantê-la foram rudemente tratados pela história. Tal é o caso de Maquiavel, cujo nome passou a ter um sentido de demoníaco. O controle proposto por ele, contudo, utilizava técnicas aversivas à pessoa controlada e colocava no mesmo plano as ameaças e punições impostas pelo tirano.

A tendência do homem para rejeitar o controle, revoltando-se contra ele, tem sido bem explorada pela filosofia e literatura da democracia. Recusamo-nos admitir, mesmo para nós próprios, que estamos empenhados em controlar, embora o controle, assim como a autoridade, estejam tão presentes em nossa vida como o ar que respiramos.

Skinner escolheu três amplas áreas do comportamento humano para fornecer exemplos sobre o controle – a área do controle pessoal, que inclui as relações interpessoais na família, nos grupos sociais e de trabalho, no aconselhamento e na psicoterapia; a área de educação e a do governo.

O controle pessoal

As pessoas humanas, vivendo em grupos, são admiradas quando praticam atos que correspondem à expectativa de seus pares e deixam de sê-lo quando seus comportamentos escapam ao modelo estabelecido pela cultura. Essa prática está de tal modo entranhada nas diferentes culturas que não se chega a perceber que se trata de um tipo de controle.

Provavelmente, cada ser humano introjeta, mediante o uso adequado do reforço, um conjunto de crenças, atitudes, valores, que passam a constituir os seus princípios éticos.

O uso da punição, sob a forma de censura ou acusação, é também uma forma de controle. Discute-se a responsabilidade do indivíduo que cometeu um ato que escapa ao desejável e, caso não se descubra nitidamente a intencionalidade ou caso se considere que ele "não podia deixar de fazer" o que fez, não se costuma puni-lo. Logo, não se tem o direito de punir alguém que ignorava as "consequências de sua ação".

Da mesma forma que estabelecemos normas para lidar com a punição, definindo o que é justo punir, estabelecemos o que é injusto em termos de o homem receber mais gratificação do que merecia pelos seus atos. Assim como não sentimos ter direito de punir o irresponsável, consideramos inadequado oferecer reforçadores a quem não merece. Conceitos de escolha, responsabilidade, justiça e outros trazem uma carga semântica bastante pesada e nos dão uma análise inadequada de contingências reforçadoras e punitivas eficientes.

Skinner tem mostrado que o uso de conceitos como liberdade, iniciativa, responsabilidade social tem sido reforçado socialmente. Quando estes conceitos são qualificados como bons, aprendemos a fazer um julgamento de valor em termos de seus efeitos reforçadores. Tem-se considerado a luta pela liberdade e dignidade como defesa do homem autônomo. O behaviorismo prefere explicar a preferência por estes valores como uma revisão das contingências de reforço sob as quais as pessoas vivem.

Educação

Durante vários anos as técnicas educacionais se resumiram na utilização de técnicas aversivas – o papel do professor consistia em fazer com que os alunos aprendessem, e o papel dos alunos consistia em escapar das ameaças, aprendendo.

Tendemos a valorizar o aluno que aprende sozinho e frequentemente atribuímos o processo de aprendizagem a algo que existe dentro do indivíduo. De certo modo, procuramos eximir-nos de responsabilidade de ensinar ao estudante.

Não estamos preparados para o uso de técnicas que produzam mudanças comportamentais através da manipulação de variáveis externas. No entanto, poderíamos, através da ciência, organizar um mundo em que as pessoas aprenderiam, seriam sábias e boas, sem "ter de ser" ou sem "escolher ser". Bastaria que aprendêssemos a manipular variáveis que tornassem possível a pessoa aprender as coisas sem esforço; isto seria um resultado ideal.

Governo

O governo tem sido o campo especial de controle aversivo; o estado é geralmente definido em termos de poder para punir e a jurisprudência se apoia sobre a noção de responsabilidade pessoal.

Na atualidade, contudo, está se tornando difícil conciliar teoria e prática, uma vez que as pessoas reivindicam alguma mudança e, quando os governos partem para técnicas que não sejam aversivas (o esforço positivo, por exemplo), o conceito de responsabilidade se torna irrelevante e a teoria do governo não é mais aplicável.

O romance *Walden II*, de Skinner, consiste na proposta de se aplicar uma tecnologia comportamental à construção de um governo praticável, efetivo e produtivo.

Ele apresenta um mundo em que há alimento, roupa e habitação para todos; em que cada qual escolhe o seu trabalho e trabalha em média 4 horas por dia; onde a educação prepara as crianças para a vida social e intelectual que se encontra diante delas e no qual as pessoas se apresentam felizes, seguras, produtivas, criadoras e voltadas para o progresso.

As referências feitas a essa obra expressam, na sua maioria, violência. O grande problema apresentado pelos seus críticos é que "alguém planejou desta forma". Não importa a estes críticos que os governantes de *Walden II* não desviem nenhum dos lucros da comunidade para seu próprio uso, não importa que ele se mantenha oculto por trás de outros membros da comunidade.

O que Skinner observa é que o advento de uma poderosa ciência do comportamento causa problema não porque a ciência, ela própria, seja inimiga do bem-estar humano, mas porque concepções mais antigas não têm sido superadas. O necessário é uma nova concepção de comportamento humano compatível com as implicações de uma análise científica. Todos os homens controlam e são controlados. O problema do governo não é como deve ser preservada a liberdade, mas que espécie de controle deve ser usado e para que fins.

3.4 Visão crítica

Das raízes da teoria

Uma crítica à teoria skinneriana é, a um só tempo, um questionamento ao pensamento positivista que constitui sua base e ao behaviorismo, que teve em Skinner e seus seguidores seus maiores expoentes.

Da fundamentação positivista, a teoria manteve a descrição mecanicista de homem, ser considerado passivo e cujo comportamento é totalmente explicável segundo um modelo simplista de causa e efeito, que faz lembrar o modelo científico da Física do século XIX, hoje abandonado até mesmo por esta ciência.

A primeira crítica que se faz, pois, à teoria skinneriana, vem recolocar a questão metafísica de determinismo x livre-arbítrio.

Segundo Heather (1977), o positivismo falhou ao fornecer os sustentáculos para uma ciência que subentende o homem como ser determinado. A concepção natural de homem ou aquele que cada um de nós aprendeu a preferir está ligada à liberdade.

Habituamo-nos a descobrir um sentido na conduta dos organismos desde os mais simples, como a ameba. No caso do homem, especialmente, admitimos a ideia de que ele é um ser teleológico, isto é, um ser cujo comportamento está voltado para o atingimento de certas finalidades.

Segundo Giannotti, o behaviorismo radical assume uma perspectiva diferente, recusando, em nome de um método, a intervenção indevida da ideia de finalidade. A ciência, diz Skinner, deve limitar-se a estabelecer relações funcionais entre classes de fenômenos, tendo o cuidado de eliminar, de um lado, qualquer recurso a um fim, e, de outro, qualquer vínculo material entre causa e efeito.

Fica, pois, invertida a tradicional relação sujeito-objeto e, em lugar de se privilegiar a operação finalista do primeiro sobre o segundo, transfere-se para o meio ambiente a função de determinar e moldar o comportamento. Trata-se de um reducionismo, uma posição epistemológica que pretende reconstruir todas as ciências do homem na base de uma teoria psicológica que tem no "comportamento" sua categoria mais elementar. Tomando o modelo da Física, o behaviorismo pretende abolir a oposição entre interioridade mental e exterioridade objetiva, descrevendo todo tipo de ação, pensando o real numa só dimensão, ou seja, considerando o real como aquilo que é manipulável.

A objeção feita aos estados interiores não consiste em negar que eles existam, mas em considerar que eles não são relevantes para uma análise funcional. A questão é explicada pelo critério de eficácia: desde que uma determinada resposta possa ser controlada e prevista pela consideração e manipulação de variáveis de caráter físico, Skinner não vê motivo para se pressupor a intervenção de fatores de outro tipo.

A concepção positivista de homem representa, pois, uma perspectiva "radical", usando-se este termo como referente a raiz, uma vez que fundamenta o sistema behaviorista e está na raiz de uma concepção de ciência. Se pretendemos mudanças na psicologia, como parte de mudanças na sociedade, é porque a sociedade, assim como os "sistemas", precisa ser transformada em suas raízes.

Outra crítica que se faz ao positivismo, enquanto raiz do sistema behaviorista, diz respeito ao uso do método. Sob a influência do positivismo, os psicólogos tentaram reduzir o estudo da vida humana a uma situação de laboratório, onde ela se torna incomparavelmente diferente de sua forma natural.

Hoje, as críticas a este modelo de método experimental são contundentes. É falácia admitir-se que a explicação da psicologia humana possa ser reduzida a um modelo de concepção mecanicista de causalidade, a uma relação entre eventos antecedentes e consequentes. Para Giannotti, Skinner não chegou sequer a definir os termos estímulo e resposta; ele apenas relacionou-os entre si. No intercâmbio do estímulo com a resposta, um se determina pelo outro – uma resposta não pode existir sem o estímulo correspondente; logo a existência da resposta não é uma propriedade dela, mas apenas uma determinação que lhe advém da posição de dependência em relação ao estímulo. A noção behaviorista de estímulo (derivada do veto positivista) supõe que um evento tenha efeito uniforme sobre todos os indivíduos a ele submetidos. Ora, se o homem "interpreta" o que lhe acontece, nunca se pode estar certo de que o que é estímulo para uma pessoa o seja também para outra.

A noção behaviorista de resposta implica, também, que algo se fez em resultado de algo que aconteceu no passado.

A orientação behaviorista é que não se pode ter um conhecimento fidedigno da experiência de outrem. Se esta afirmativa for tomada em toda sua amplitude, não pode haver ciência, pois todas as observações feitas pelo cientista são parte de sua experiência. Essa ideia equivocada de que vivemos em mundos fechados e inacessíveis aos outros fez com que Sartre, em 1957, afirmasse que "o behaviorismo é o solipsismo arvorado em hipótese operacional".

Uma análise do método experimental nos leva a pensar que um experimento psicológico é uma situação social, isto é, o comportamento social humano é regulado por normas de conduta e expectativas mútuas dos interatuantes. Duas linhas de prova bem recentes vêm evidenciar que expectativas e normas são, frequentemente, os determinantes mais importantes dos resultados. Orne (1962) admitiu que o sujeito do experimento é capaz de conjecturar, pelo comportamento do experimentador, o que se espera dele, e decidir responder ou não às expectativas que se tem – é o que ele chamou "características de exigências dos experimentos". Rosenthal (1966), por sua vez, mostrou como o "viés do experimentador" sugere ao sujeito, inadvertidamente, como ele deverá se comportar. Este efeito, a que se chamou "profecia autorrealizadora", está ligado à natureza reflexiva da ciência psicológica. O próprio "sujeito" está empenhado em formular hipóteses e fazer predições sobre o comportamento; logo, o modo como pesquisador e pesquisado atuam no experimento será determinado, predominantemente, pela interação em curso.

Da influência dos valores e da ideologia

Hoje é inegável que nossas ideias preconcebidas e juízos de valor básicos sobre a vida distorcem nossa compreensão do mundo. Não se pode negar que esta conclusão seja válida, também, para nossa compreensão científica, especialmente nas ciências do homem.

Alguns fatos tornam evidente esta conclusão:

– O "modelo de homem" adotado pela psicologia, a espécie de criatura que se considera ser o homem subentende algum valor ou preferência por uma concepção de homem em vez de outra.

– A maneira como a atenção dos psicólogos é dirigida para certos problemas e não para outros pode estar relacionada aos interesses daqueles que se servem da solução dada.

– Na maioria das áreas empíricas de observação, há certos pressupostos que não constituem uma questão de prova, mas que dependem do modo como a sociedade deve ser organizada e de como se deve viver nela. A linguagem normal-anormal, por exemplo, subentende o pressuposto de que a adaptabilidade aos padrões de nossa sociedade é considerada uma coisa boa e necessária.

Skinner é o mais influente representante do behaviorismo e seus seguidores constituem o mais bem organizado grupo de psicólogos nas áreas aplicadas.

Ao contrário da maioria dos psicólogos, ele tem explicitado as implicações políticas de sua obra; chegou a descrever uma sociedade utópica onde o controle fosse utilizado para promover o bem-estar das pessoas.

Seu livro *Beyond Freedom and Dignity* provocou as maiores controvérsias, chegando a tornar-se tema de discussão no Congresso americano.

Herdeiro, em psicologia, dos planos de Comte para uma sociedade "científica", Skinner atraiu um vultoso número de discípulos, os quais vêm invadindo todos os ramos da psicologia aplicada e aplicando seus princípios a qualquer área da atividade humana em que se considere desejável o controle do comportamento humano.

De modo inequívoco, a posição skinneriana é o ramo do behaviorismo que dissipa mistificações e dúvidas, sendo clara a respeito do que é realmente a teoria behaviorista aplicada: "uma tecnologia para levar as pessoas a fazerem o que queremos que elas façam".

A ideia básica subentendida na tecnologia é que "o comportamento é modelado e mantido por suas consequências". Logo, a tarefa do modificador (seja ele educador, psicólogo, pai ou outro representante da sociedade) consiste em estruturar o ambiente do organismo de modo que ele emita o comportamento adequado e desejável.

O sentido das palavras "adequado" e "desejável" suscita uma questão moral e política. Consultados sobre o sentido dessas palavras, os skinnerianos costumam admitir que sua definição de comportamento desejável é inspirada nas normas da sociedade atual, o que significa normal, convencional, respeitável. Convém lembrar que tudo isto está de acordo com os padrões da classe média, à qual pertencem a maioria dos psicólogos skinnerianos.

Tudo o que se considera é o comportamento manifesto e se está ou não de acordo com os padrões autoritários do modificador. Fica aí implícita a questão do poder. A fronteira entre o comportamento delinquente e o protesto político é, em certos casos, definida apenas pelo julgamento dos que detêm o poder. O mesmo se pode dizer da fronteira entre a loucura e o comportamento divergente. O perigo da abordagem científica desses problemas sociais é que seu conteúdo político e moral permanecem escondidos por trás de uma metodologia técnica e supostamente livre de valores.

A esta altura, é óbvio que a predição e o controle do comportamento de algumas pessoas por outras não pode ser livre de valores. É por isso que os críticos admitem que a psicologia skinneriana é a essência da psicologia alienada na prática.

Afinal, Skinner nega a autonomia interior do homem. Como isto será visto pelos seus críticos?

A crítica de Giannotti aponta o comportamento operante como sucedâneo da antiga noção de vontade, na teoria de Skinner. A vontade se torna uma dimensão do comportamento reflexionante, isolado de sua efetuação, pois representa o lado passivo da negatividade imanente ao próprio processo. Isto equivale a dizer que só temos vontade de uma coisa porque temos vontade de uma coisa de outrem, já que a antecipação só pode nascer no episódio social. Fica, assim, instalada uma dialética em que, em última instância, a vontade fica na dependência das relações sociais de produção.

O behaviorismo rejeita a visão totalizante do sujeito e toma as formas elementares do comportamento para construir, passo a passo, as figuras mais complexas do espírito. Tudo se resumiria em saber quais as variáveis experimentais responsáveis por qualquer tipo de conduta. Na explicação das formas elementares de comportamento (unidades) inseridas entre o organismo e o meio, caberia um papel preponderante aos sistemas de reforço, os quais emprestam durabilidade à ação ao mesmo tempo em que modelam e selecionam as condutas mais apropriadas à sobrevivência da espécie.

Uma vez que, entre os homens, tais sistemas incorporam reforços especificamente sociais, a cultura e a natureza domada pelo trabalho determinariam o "mapa" para as condutas individuais. Constituindo um sistema de reforços generalizados, a cultura apresenta-se para Skinner como o repositório das experiências passadas, imprimindo ao mundo um roteiro determinado. A liberdade e a dignidade humanas não teriam lugar nesta perspectiva; elas devem ser substituídas pela tecnologia mais avançada.

Se, em termos positivistas, definirmos a psicologia como previsão e controle do comportamento, teremos algumas questões, tradicionalmente políticas, como: para que fins deve se dirigir este controle? Quem fará o controle e quem será controlado? Como isto será decidido?

Kolakowski (1972), um ardoroso crítico do positivismo lógico, fez o seguinte comentário: "O empirismo lógico (positivismo lógico) é o produto de uma cultura específica, na qual a eficiência tecnológica é considerada o valor supremo – a cultura chamada 'tecnocrática'. É uma ideologia tecnocrática sob o disfarce de uma visão anti-ideológica e científica do mundo, expurgada de juízos de valor".

A afirmativa de Kolakowski de que o positivismo lógico se assenta em valores tecnocráticos ocultos consiste em que o princípio central da doutrina positivista – a verificação – se reduz a um questionamento sobre o que é praticamente útil. Isto só pode ser definido como o que é útil a uma sociedade industrial avançada. Para Heather, a psicologia positivamente concebida é uma psicologia a serviço do capitalismo organizado.

Finalmente, o pensamento positivista requer que as pessoas sejam tratadas como máquinas ou meros organismos e sobretudo que se pensem como tais. A máquina tecnológica aspira a uma atenuação das possibilidades humanas, a uma visão dos homens como objetos, organismos emissores de comportamento. Não foi por acidente que o behaviorismo nasceu contemporâneo do sistema capitalista mais avançado do mundo e no mesmo solo em que ele. Eliot realça que o rato na caixa Skinner, trabalhando e consumindo estúpida e monotonamente em seu ambiente "estruturado", é uma paródia da situação do homem moderno no capitalismo avançado.

Por outro lado, analisando o caráter anti-ideológico e supra-histórico que o positivismo tenta conferir à ciência, numerosos críticos sugeriram que houve uma influência deste radicalismo sobre os intelectuais, no período compreendido entre as duas guerras, o que contribui para a ascensão do fascismo e para justificar as relutâncias desses intelectuais, incluindo os cientistas em tomar partido nas lutas políticas.

Por que se pode afirmar que a psicologia positivista é ideológica?

– Em primeiro lugar, por todos os motivos expostos anteriormente: pela negação da ação humana, pela negação do significado e a supressão da dimensão social nas descrições dos problemas humanos.
– Em segundo lugar, o positivismo supõe que os homens são, agora, o que sempre foram no passado e serão no futuro. Esta crença desencoraja a pensar o que o homem poderia ser, explorar seu potencial de homem e sua capacidade para viver de modo diferente, numa estrutura social diferente.

O skinneriano, nascido no seio do ambientalismo americano, enfatiza o ambiente. Mas o ambiente de uma espécie animal tende a permanecer constante, enquanto o homem faz seu próprio ambiente e consegue alterá-lo graças a seus esforços. Por isso, no caso do homem, não se pode simplesmente dizer que o ajustamento a seu meio é algo que se deva desejar sempre, pois ele pode querer alterar radicalmente o seu ambiente – aqui a perspectiva histórica. Se hoje a televisão nos mostra a violência generalizada, a pobreza degradante e o desemprego, o "normal" é sentirmo-nos reforçados porque o que acontece no mundo é o que nos acontece particularmente ou é desejarmos mudar o ambiente?

Como se coloca, pois, dentro da perspectiva skinneriana, o papel da história?

Em lugar de admitir um balanço entre os meios naturais e os fins, Skinner se vale de um absolutismo pelo qual o ser, tomando como modelo a Física, identifica-se com o manipulável. Advém daí uma noção fetichizada de cultura, que adiciona, aos estímulos reforçadores naturais, os estímulos discriminativos produzidos pelo próprio homem. Esses sistemas de sinais coordenadores da conduta do homem e do próprio cientista provêm da história, de uma história mítica da generalização, que explica as dificuldades do presente pela dramatização dessas mesmas dificuldades no passado. O edifício de Skinner repousa, pois, numa concepção da história onde o tempo é um passar sucessivo, sem qualquer possibilidade de retorno, indiferente à sorte dos problemas que engloba.

Se recusarmos esta visão de cultura como um fetiche legado por nossos antepassados teremos, antes de tudo, de elucidar como o escoamento das condutas dos indivíduos põe o presente da história contemporânea. A história do homem, segundo Giannotti, constrói-se no jogo entre a sucessão posta e a temporalidade pressuposta, entre a temporalidade da estrutura e o escoamento do suceder. Na história do homem é que se dá a ruptura progressiva com a temporalidade animal, o surgimento de metas, a construção de processos autônomos, dos quais os comportamentos e os objetos fazem parte integrante, permitindo a penetração da liberdade e da dignidade no determinismo natural.

O processo de mudança social, a hipótese de que os homens podem fazer a sua própria história, criar seus próprios meios ambientes só se tornará realidade quando os seres humanos compreenderem que a sociedade não é uma coisa que existe independentemente deles, mas é uma criação dos homens, pela qual eles são ou poderão ser responsáveis.

Quando a psicologia positivista mostra sua preferência por considerar os seres humanos como indivíduos isolados, estranhos ao mundo das forças sociais e econômicas que exercem influência sobre suas vidas, ela é, a um só tempo, alienadora e alienante e, por isso, é ideológica.

Entretanto, o behaviorismo pode dar-nos algumas lições para que possamos compreender os fenômenos da cultura. Polemizando com os estados de consciência, Skinner transfere para as variáveis físico-culturais do ambiente a responsabilidade pela determinação do comportamento. Se criticamos a maneira pela qual na estruturação social do reforço nasce uma representação, não pretendemos, com isto, voltar simplesmente ao cognoscivismo. Não é no antagonismo entre essas duas posições que se vai encontrar o caminho que nos levará ao estudo da reflexão objetiva, mas sim no entrelaçamento delas. Só uma visão complementar do cognoscivismo e do behaviorismo nos dará, realmente, a compreensão dos fenômenos da cultura através das unidades que integram comportamentos e objetos.

3.5 Aplicabilidade à educação

A expressão tecnologia educacional é usada para designar a "aplicação sistemática de conhecimentos científicos à solução de problemas da educação" (OFIESH, 1971).

Segundo Dib (1974), os suportes científicos da tecnologia educacional são: a teoria da comunicação, a teoria de sistemas e as teorias psicológicas. Na verdade, dentre as teorias da aprendizagem, foi a comportamentista a que mais ofereceu subsídios ao modelo tecnológico de educação.

Para melhor compreendermos a influência do modelo comportamentista sobre a educação, deve-se recordar as três conclusões fundamentais de Watson, o maior expoente do comportamentismo:

– o determinismo ambiental – o ambiente é fator primordial do desenvolvimento;

– o objetivo da ciência psicológica é o comportamento e é diretamente observável. A aprendizagem também é um comportamento e deve ser entendida como resposta a estímulos mediante um processo de condicionamento;

– o caráter mensurável dos fenômenos comportamentais – tudo o que existe pode ser medido.

As consequências de tais conclusões para a educação são evidentes: a aprendizagem deve ser diretamente observável, a partir das respostas emitidas pelo aluno. O papel do professor reside na sua competência para manipular as condições do ambiente do aluno, a fim de assegurar a aprendizagem. O papel do aluno passa a ser o de receptor do conhecimento e dele se espera a aceitação de metas preestabelecidas. A avaliação dessas metas se faz pela medida das respostas (ou mudanças de comportamento do aluno) que são diretamente observáveis e passíveis de serem medidas.

O modelo tecnológico de ensino inspirado no comportamentismo inclui:

– a explicitação de objetivos em termos comportamentais, ou seja, em termos de respostas observáveis a estímulos que são apresentados ao aluno;

– a definição de estratégias de ensino a partir dos objetivos explicitados, levando-se em conta sobretudo os resultados objetivados (e não as variações individuais);

– a avaliação objetiva, isto é, a medida de resultados observáveis antes da aprendizagem (avaliação diagnóstica), durante a aprendizagem (avaliação formativa), ou após o período de ensino-aprendizagem (avaliação somativa);

– o ensino programado, que visa reforçar as respostas que se pretende fixar, porque são consideradas corretas, extinguindo as respostas inadequadas. Incluem-se aqui a instrução programada, constituída de simples texto com lacunas que devem ser preenchidas e cujas respostas são incluídas logo abaixo para verificação; as máquinas de ensinar de modelos diversos e também baseados o reforçamento através do acerto; alguns tipos de instrução por meio do computador.

Outros modelos de ensino fundamentam-se no comportamentismo; a aprendizagem para o domínio e a instrução por módulos ganharam maior aceitação no Brasil. As expressões ensino para desempenho, ensino relativo ao critério, ensino para a competência e outras revelam um interesse cada vez maior em controlar os resultados em educação. Este controle é assegurado quando se tem bem claros os objetivos de ensino e se pode, ao final do processo, medi-los adequadamente.

Esta ênfase no início do processo (formulação de objetivos) e em seu resultado (avaliação) mostra uma analogia entre o modelo comportamentista e o sistêmico, pois este último também se preocupa com entrada e saída. Deve-se relevar, contudo, que, enquanto a teoria comportamentista é psicológica, a teoria de sistemas é derivada da engenharia.

Em todos os modelos de ensino que citamos como direta ou indiretamente ligados à psicologia comportamentista, tem-se realçado a ênfase no ritmo próprio do aluno, ao mesmo tempo que se tem usado como referência os objetivos do ensino. Entretanto, o comportamentismo não se ocupa do organismo do sujeito, pois a crença básica é que certo estímulo provocará certa resposta, independentemente do sujeito (daí a analogia com a caixa negra). Logo, não se trata de acompanhar o ritmo do aluno, mas de admitir que ele existe e abrir espaço para que ele se efetive sem ocasionar fracasso.

Uma análise do modelo tecnológico aplicado à educação nos leva ao levantamento de algumas críticas e endossaremos um conjunto de comentários feitos por Combs e Guenther:

1) Os objetivos que são medidos são importantes para o professor, mas não se pode assegurar que eles representem os aspectos mais importantes da realidade a ser apreendida pelo aluno. A explicitação de objetivos comportamentais é apenas um método de controle de aprendizagem, e não permite distinguir entre objetivos bons e maus, relevantes ou não.

2) Uma técnica de avaliação, seja ela qual for, tem seus efeitos sobre quem a usa (o professor) e sobre quem é submetido a ela (o aluno). Na tentativa de alcançar a perfeição de mensurar produtos facilmente observáveis, o professor, geralmente, usa técnicas de avaliação objetivas. Essas técnicas, na maioria das vezes, enclausuram o professor, destroem a iniciativa, não valorizam soluções criativas e ainda criam ansiedades. Por outro lado, além de medir a aprendizagem dos alunos, as técnicas de avaliação objetiva também afetam, algumas vezes, o processo de aprender, uma vez que distorcem a percepção do que é realmente importante, pois representam ameaça para o aprendiz, destroem o autoconceito e encorajam sentimentos de hostilidade, medo, aversão pela escola.

3) A abordagem comportamentista, aplicada nos Estados Unidos durante quase 100 anos com sucesso, nem sempre é adequada ao nosso modelo de desenvolvimento. A técnica de formulação de objetivos comportamentais e avaliação que nela se fundamenta estabelece que os fins sejam descritos anteriormente à tarefa e que o aluno, de uma maneira ou de outra, atinja aqueles objetivos predeterminados. Essa abordagem nos serve muito bem quando ensinamos habilidades que podem ser claramente definidas, tais como aprender a ler, a escrever, a calcular, etc. Quando aplicada a habilidades complexas, entretanto, a abordagem comportamentista tem prova de não ser satisfatória.

A tarefa da escola, hoje, deve se estender além da aquisição de habilidades básicas. Basta lembrar, citando Combs, dois fatos para ratificar tal afirmativa: o primeiro é a explosão da informação, que faz desaparecer toda possibilidade de se construir um currículo comum de informações para as pessoas, e o segundo fato é a rapidez das mudanças, que torna impossíveis as respostas certas para o futuro.

4) A abordagem comportamentista constitui um sistema fechado de pensamento. Definindo os fins adiantadamente, ela torna a situação de aprendizagem uma busca de respostas certas, o que desencoraja a inovação, esteriliza a criatividade, torna a sala de aula um lugar desinteressante, parado, um lugar de conformação, onde as pessoas estão buscando respostas certas para os problemas, quando o certo pode não ter sido ainda pensado. O peso sobre os ombros do professor é, aqui, muito maior – ele é o responsável por decidir o que os alunos devem fazer e quando devem fazer. Os alunos sentem-se presos, controlados, não envolvidos na determinação dos objetivos nem na finalidade da educação e, por isto, não sentem compromisso com eles.

5) Os objetivos do ensino, nesta abordagem, são reduzidos a unidades pequenas para se tornarem facilmente mensuráveis. Centrando a atenção em objetivos específicos e não em objetivos gerais, a educação fica reduzida à perseguição de objetivos mensuráveis, o que contribui para a desumanização de nossa prática educacional. Idealmente, os objetivos devem ser primeiro estabelecidos e, posteriormente, inventam-se os recursos para medi-los. Entretanto, na prática, os objetivos já são formulados tendo-se em mente os instrumentos adequados para medi-los.

6) O comportamento inteligente, principal objetivo da escola para a atualidade, é global, é pessoal, é variável de uma situação para outra. As medidas puramente objetivas, as técnicas estandardizadas, os instrumentos de avaliação de massa não nos parecem ser os mais adequados à avaliação deste produto. O julgamento é que deve, aqui, ser usado e aperfeiçoado na

medida do possível. Nas ocasiões em que os dispositivos objetivos não funcionam, o julgamento humano é o melhor instrumento de que dispomos; ele nos liberta do que é objetivo, palpável, imediato e comprovável para além da observação.

Ao final desses comentários, o que nos parece é que a abordagem de objetivos comportamentais, aplicada a situações para as quais ela é apropriada, tem uma importante contribuição a oferecer, mas, se aplicada a aspectos mais complexos da educação ou mesmo se utilizada sem uma compreensão mais clara de suas limitações, seus efeitos sobre nosso sistema educacional poderão ser desperdício, ineficiência ou mesmo ter efeito destrutivo sobre nosso trabalho.

Referências

BROADBENT, Donald E (1972). Comportamento. São Paulo: Perspectiva [Trad. Regina S. Schnaiderman].

CHÂTELET, François (s.d.). A filosofia das ciências sociais: de 1980 aos nossos dias. Rio de Janeiro: Zahar [Trad. Hilton F. Japiassu].

FERRATER MORA, José (1981). Diccionario de filosofia. 3. ed. Madri: Alianza Editorial.

GIANNOTTI, José Arthur (1975). Exercícios de Filosofia. São Paulo: Brasiliense [Seleções Cebrap 2].

HEATHER, Nick (1977), Perspectivas radicais em psicologia. Rio de Janeiro: Zahar [Trad. Álvaro Cabral].

MARX, Melwin Herman & HILLIX, William A. (1974). Sistemas e teorias em psicologia. São Paulo: Cultrix [Trad Álvaro Cabral].

ROBINSON, Daniel N. (1982). Sistemas psicológicos do nosso tempo: um esboço crítico. Rio de Janeiro: Zahar [Trad. Vera Ribeiro].

SKINNER, Burrhus Frederic. (1970). Ciência e comportamento humano. 2. ed. Brasília: Editora Universidade de Brasília [Trad. João Cláudio Todorov & Rodolfo Azzi].

_____ (1969). Contingences of Reinforcement. Nova Jersey: Prentice Hall.

_____ (1968). *The Technology of Teaching*. Nova York: Appleton-Century-Crofts.

_____ (1957). *Verbal Behavior*. Nova York: Appleton-Century-Crofts.

_____ (1938). *The Beahavior of Organisms*. Nova York: Appleton Century.

SKINNER, B.F. & HOLLAND (1977). *O mito da liberdade*. 3. ed. Rio de Janeiro: Bloch [Trad. Leonardo Goulart e M. Lúcia F. Goulart].

_____ (1971). *A análise do comportamento*. São Paulo: Herder [Trad. e adaptação Rodolfo Azzi, col. Carolina M. Bori].

4
O não diretivismo

4.1 Consideração prévia: a terceira força – Psicologia Fenomenológica e Humanista

Rogers, assim como Maslow, identificam três grandes tendências na psicologia americana, as quais são nitidamente diferentes. Algumas palavras identificam essas tendências, embora não as definam.

A primeira tendência está associada aos termos: "impessoal", "objetivo", "experimental", "positivismo lógico", "operacional", "laboratório".

A segunda inclui termos como "freudiano", "neofreudiano", "psicanalítico", "psicologia do inconsciente", "instintivo", "psicologia dinâmica".

A terceira tendência usa termos como "fenomenológico", "existencial", "teoria do self", "psicologia da saúde e do crescimento", "ciência da experiência interior".

Os adeptos desta tendência compõem o grupo que tem sido denominado "a terceira força" e que inclui as psicologias fenomenológica e humanista. A expressão "terceira força" foi selecionada como forma de transmitir uma divergência radical das forças maiores da psicologia moderna: o behaviorismo e a psicanálise. Nesta posição são rejeitadas as tentativas de compreender o homem psicológico, seja em termos físicos, conforme o compromisso mecanicista e reducionista do behaviorismo, seja em termos de motivações inconscientes, como é a proposta psicanalítica. Ao adotar o método fenomenológico de compreender o mundo, acredita-se que somos levados a uma postura essencialmente humanista na psicologia.

Uma dificuldade que ocorre entre os adeptos desse grupo é referente ao vocabulário – mesmos termos centrais nessa abordagem, tais como "existencial", "fenomenológico" e "humanista" não são empregados de maneira coerente com o uso histórico e divergem, às vezes, no sentido que a eles atribui cada especialista.

Um laço comum, entretanto, une a maioria dos porta-vozes da "terceira força" – a tradição intelectual europeia, iniciada nas décadas de 1930 e 1940 e cujas origens devem ser buscadas em Hegel, Marx e Brentano. Embora não haja laços fortes entre os três, cada qual representa um movimento de distanciamento de Kant e de toda a superestrutura racionalista do pensamento do Iluminismo. O rompimento com essa tradição deu origem a uma enorme gama de novas orientações, moldadas por pensadores divergentes entre si, como Edmund Husserl, Martin Heidegger, Soren Kierkegaard, Maurice Merleau-Ponty e Jean-Paul Sartre.

Começando por Kant, veremos que não é fácil situá-lo em qualquer das escolas rivais de sua época. Visto por um ângulo, ele é racionalista arquetípico; por outro, é um idealista imoderado e, por um terceiro, pode ser considerado a própria culminância do empirismo tradicional. Sem nos determos na análise da contribuição de Kant, diremos, de forma bem simplista, que ele devolveu a mente e o self à experiência, de modo ativo e criativo. A Crítica de Kant reinstaurou a mente como um princípio de organização através do qual a própria experiência se tornou possível e inteligível. Para ele, é indispensável admitir a existência de um "eu", que é condição indispensável para a experiência; passado e presente só se podem combinar associativamente no mesmo agente.

Os elementos idealistas da epistemologia e da teoria moral de Kant, reinterpretados por Hegel num percurso de grande significado histórico, resultaram no Idealismo Absoluto. Diversamente de Kant, Hegel admite que se o absoluto é cognoscível, é qualificável como Si ou como Espírito; logo a Fenomenologia só pode ser Fenomenologia do Espírito. A filosofia é, para ele, uma fenomenologia, isto é, uma retomada do caminho que o espírito percorre no desenrolar da história. Não se trata de construir uma filosofia na qual a verdade do absoluto se apresenta à parte da experiência humana, mas de mostrar como o absoluto está presente em cada momento da experiência, seja ela estética, jurídica, religiosa, política, etc.

No seu primeiro trabalho significativo – Fenomenologia do espírito –, Hegel tentou refutar o princípio kantiano que separa os mundos fenomenal e numenal. O argumento hegeliano é que a mente evolui desde um estágio primitivo em que aparece para si própria como mero fenômeno (self empírico de Kant) até um estágio mais desenvolvido em que se conhece como é na realidade, isto é, como noumenon. Hegel usou o termo "fenomenologia" para referir-se à ciência da mente como fenômeno. A fenomenologia é, pois, para ele, sujeito de uma ciência.

Edmundo Husserl também tentou ultrapassar a doutrina kantiana, segundo a qual existe um muro intransponível entre a coisa em si e o fenômeno. Ele encontrou o conteúdo essencial (a essência) da realidade nos próprios fenômenos, fazendo com que o conteúdo da consciência fosse tão conhecido quanto as formas a priori segundo as quais estes fenômenos são conhecidos. Aquilo que as coisas são é adequadamente revelado na consciência, não sendo necessário falar das coisas "em si". A grande originalidade de Husserl foi a descoberta da consciência – o mundo não é visto como algo deduzido, mas como realidade concreta, um elemento estrutural da consciência.

Segundo Husserl, a fenomenologia se identifica com um método de análise filosófica e torna-se mediadora entre o realismo e o idealismo, constituindo uma tentativa para restituir fundamento ao cosmos e uma orientação à consciência e à vida.

O objetivo de Husserl era transformar a Filosofia na mais rigorosa das ciências, "a representante imperecível da humanidade para o conhecimento puro e absoluto" e o primeiro passo para o atingimento deste objetivo era firmá-la sobre uma base radical e dotá-la de um método adequado.

A análise das conclusões de Dilthey e de Franz Brentano motivaram Husserl para uma atitude crítica face ao conhecimento, que consistia em rejeitar o naturalismo e o historicismo.

Dilthey, professor em Berlim, apresentava uma forma de historicismo e relativismo cultural. Ele considerava que cada época tem seus ideais e valores, elaborados sob a influência de correntes filosóficas anteriores. Não se podem conhecer valores absolutos; prevalecem na história, sucessivamente, os sistemas que manifestam o estado de ânimo predominante da humanidade em determinadas épocas relativamente à maneira de resolver os problemas filosóficos.

Além disso, Dilthey considerava que as ciências humanas ou ciências morais tornaram os métodos das ciências da natureza e os aplicam indistintamente, quando seu objetivo é diferente. Para ele, a natureza só é acessível indiretamente, a partir de fatos esparsos, cuja unidade e coerência são hipotéticas e as ciências humanas não exigem nenhuma reconstrução, mas somente uma descrição.

No contato com Franz Brentano (1838-1917) que ocorreu em 1881 e de 1884 a 1896, Husserl foi despertado para a insuficiência das ciências humanas. Foi Brentano quem, ao diferençar fenômenos físicos e psíquicos, realçou a intencionalidade (o achar-se dirigido para) dos fenômenos psíquicos, tema que seria retomado por Husserl. Brentano considerava que a Filosofia não deve separar-se da ciência natural e que "o método da ciência natural é a Filosofia e o método da Filosofia é a ciência natural".

A partir dessa análise, Husserl passou a rejeitar a definição naturalista da filosofia, que procura ligá-la às descobertas da ciência natural e à concepção historicista da Filosofia, segundo a qual a "verdade" é determinada situacionalmente.

O termo fenomenologia tem, pois, diferentes sentidos e outros têm-lhe sido atribuídos após Husserl. Trata-se, pois, de um termo envolvido num emaranhado de significados, objetivos e métodos. Modernamente, o mais citado representante da fenomenologia é Maurice Merleau-Ponty, cuja *Fenomenologia da percepção* (1945) é uma crítica quase gestaltista, quase husserliana, do elementarismo, mas que não constitui, de fato, um sistema desenvolvido de Psicologia.

Logo após a Segunda Guerra Mundial, ganhou aceitação em vários países a Filosofia da Existência. Ocupando-se dos problemas do homem, hoje chamados "existenciais", tais como o sentido da vida, da morte, da dor, da angústia, etc., o existencialismo não pretendeu desenvolver tais problemas, que têm sido discutidos em todas as épocas. Na realidade, esta tendência filosófica só tomou forma em nossa época e desenvolveu-se em direções divergentes, cujo único denominador comum é mesmo a filosofia da existência. Entre os filósofos da atualidade que podem ser considerados existencialistas distinguimos Jean-Paul Sartre, Gabriel Marcel, Karl Jaspers, Martin Heidegger, Merleau-Ponty. Todos eles estão, de certo modo, ligados a Soren Kierkegaard, o qual, apesar de muito afastado no tempo, é tido como iniciador do movimento.

Do mesmo modo que a fenomenologia, o termo "existencialismo" tem tido uma variedade de interpretações e animado um grande número de quase sistemas psicológicos, os quais nem sequer apresentam concordância no tocante às suas bases fundamentais. Também aqui as fontes são Kant, Fichte, Hegel e seus sucessores imediatos. A linha divisória é a do racionalismo, a da própria ideia de "sistema". Soren Kierkegaard (1813-1855), o filósofo dinamarquês que é considerado iniciador do movimento, por ter dado à palavra existência o seu sentido existencialista, previu a desilusão do mundo moderno. Ele une a sua teoria da angústia à teoria da solidão total do homem em face de Deus e do caráter trágico do destino humano e vê no instante uma síntese do tempo e da eternidade.

Kierkegaard apresentou uma atitude de desprezo e ironia diante dos períodos de devoção filosófica ao sistema. Hegel havia tentado abarcar tudo – a percepção, a mente, a liberdade e a experiência – num sistema e falhou. Mas isto não invalida sua contribuição para fundamentar a filosofia existencialista. Embora Kierkegaard tenha partido de uma refutação ao hegelianismo, é difícil imaginar sua filosofia na ausência de uma análise hegeliana dos fenômenos citados acima.

Há também um ponto de encontro entre o existencialismo e a fenomenologia: Heidegger, Marcel e Sartre aplicam constantemente o método fenomenológico, apesar de não aceitarem as teses de Husserl nem a fenomenologia, um tanto diferente, mas correlata, de Franz Brentano. De fato, Husserl exclui de suas investigações a existência, pois ele se propõe estudar a essência e mantém-se inteiramente à margem do existencialismo.

O existencialismo moderno se desenvolve em torno do conceito fenomenológico de "intencionalidade", significando não o propósito ou desígnio, mas a característica do pensamento que independe dos fatos objetivos ou dos eventos externos.

Para clarificar a influência que o existencialismo possa ter sobre a Psicologia é útil tentar identificar os traços comuns das diversas filosofias da existência de nossa época:

a) Todas procedem de uma vivência "existencial", difícil de definir e variável de filósofo para filósofo. Para Jaspers, ela consiste na percepção da fragilidade do ser; para Heidegger, na experiência da "marcha para a morte"; para Sartre, numa repugnância ou náusea geral.

b) O objeto principal da investigação é o que se chama "existência" e o sentido atribuído a este vocábulo é variável, mas trata-se de uma maneira de ser peculiarmente humana. O homem é sua existência; se tem uma essência, esta essência é sua existência ou resulta de sua existência.

c) A existência é concebida de maneira atualista. Ela nunca é, mas cria-se em liberdade; é um projeto, um devir.

d) Os existencialistas consideram o homem como mera subjetividade, e esta é entendida em sentido criador: o homem cria-se livremente a si mesmo, ele é sua liberdade.

Ao combinar elementos fenomenológicos e existenciais provenientes de fontes e tradições filosóficas tão diversas, deparamos com a dificuldade de que os autores iniciais não foram psicólogos no sentido moderno do termo e, portanto, não estavam abordando questões que ocupam o psicólogo teorizador contemporâneo, mesmo que ele seja um existencialista.

Além disso, a fenomenologia e o existencialismo tiveram mais que um significado filosófico no século atual, pois os principais representantes destes movimentos estiveram ligados a ideologias políticas apenas vagamente identificáveis com os sistemas da fenomenologia e do existencialismo.

Pode-se concluir, finalmente, que a ancestralidade intelectual da psicologia da terceira força começa por Kant e evolui, através do hegelianismo, até a fenomenologia e o existencialismo. Frequentemente, omite-se da discussão sobre a história da fenomenologia o fato de que a noção fundamental de intencionalidade está implícita na epistemologia de Kant. Verifica-se também que Kohler, Piaget, Lewin e Kohlberg, teóricos da Psicologia que lidam com mapas intrínsecos, campos, regras de raciocínio formal, princípios de organização e outros fatos, encontram-se ligados à tradição kantiana que floresceu como fenomenologia.

Outro sustentáculo da psicologia da terceira força é o humanismo, que hoje ganha sentidos diferentes do seu significado renascentista. O que sobrevive do humanismo da Renascença é o interesse pelos valores humanos, o reconhecimento da pessoa como entidade de valor incomensurável. Não se defende o individualismo; em vez disso, o humanismo contemporâneo assumiu um caráter comunitário que faltava ao humanismo histórico.

A tentativa de identificar os sustentáculos da psicologia da terceira força não constitui a busca de um padrão de verdade, mas a busca de coerência entre os que se propõem determinado caminho.

Nenhum sistema de psicologia está totalmente errado! Existencialistas, humanistas e fenomenólogos escolheram um caminho. Behavioristas, materialistas, cognitivistas também escolheram seus caminhos. Cada qual abordou diferentes metas, percepções, objetivos, e o máximo que se pode exigir de cada uma das tendências é que não contradiga fatos estabelecidos e que não promova, inconsequentemente, inferências; enfim, que sejam coerentes.

4.2 Cenário: a contextualização da perspectiva psicológica de Carl Rogers

Na primeira parte deste texto, tentamos situar as origens da psicologia fenomenológica e humanista, buscando na Filosofia suas raízes mais profundas. Numa perspectiva diferente da que foi aqui adotada, teóricos que estudam o processo da aprendizagem humana também começam a perceber uma posição nova (uma terceira força) sobre este fenômeno – trata-se da visão da aprendizagem centrada no aluno.

Para chegarmos a identificar tal posição, é útil lembrar que estudiosos da aprendizagem (BIGGE & HUNT, 1970) distinguem duas grandes famílias no estudo deste fenômeno: a associacionista, fundamentada no positivismo lógico e caracterizada por uma abordagem experimental e objetiva, e a cognitivista, fundada sobre o relativismo positivista e voltada para o estudo de fenômenos como a percepção, o raciocínio, etc. No interior de cada um destes modelos há uma série de pontos de vista diferentes, mas há sempre uma base comum que os inter-relaciona.

Entretanto, algumas explicações mais recentes do processo de aprendizagem escolar não se enquadram em nenhum destes modelos. A mais facilmente observável é a explicação rogeriana do processo de aprendizagem escolar. Por isto, também nesta perspectiva se considera a existência de uma terceira força, que é a visão da aprendizagem escolar como aspecto de um processo de autorrealização.

Entre as várias correntes psicológicas que se enquadram na perspectiva da terceira força, a que mais interesse despertou no âmbito da educação foi a psicologia não diretiva de Carl Rogers.

Deve-se reconhecer a falta de fundamentação teórica deste modelo, mas não se pode negar a visão de realidade e de natureza humana que ele expressa e que vai identificá-lo com uma abordagem fenomenológica.

No Brasil e também nos Estados Unidos da América, a psicologia rogeriana tem sido vista como oposta à psicologia skinneriana. Entretanto, os dois autores são contemporâneos e, embora seus pontos de vista tenham florescido em partes diferentes do país, deve-se relevar que ambos tiveram como cenário o mesmo momento histórico-político dos acontecimentos. Isto ficará mais claro através de uma referência ao espaço e ao tempo em que emergiu o rogerianismo.

A Psicologia tem encarado as teorias de Rogers e de Skinner como opostas. Entretanto, uma análise mais profunda vai tornar claro que elas apresentam pontos de contradição, desvendam caminhos diferentes para o atingimento dos mesmos fins, mas giram em torno das mesmas questões, pois o espaço e o tempo em que os dois pensadores têm vivido é o mesmo. Podem divergir suas percepções como suas perspectivas, mas não o momento histórico e o solo dos quais emergem seus problemas.

Rogers começou a publicar seus trabalhos entre 1930 e 1940, o mesmo período em que alguns eventos marcavam o panorama da América:

– a penetração do positivismo nos círculos científicos, com consequências significativas para as ciências humanas, especialmente para a Psicologia;

– o ambientalismo americano, marcando a Antropologia, a Sociologia e, no âmbito da Psicologia, iniciando-se com o trabalho de Watson e desenvolvendo-se através do comportamentismo;

– o sistema de valores americano, originado no puritanismo, possibilitando a realização de qualquer ser humano, e que culminaria na ampla perspectiva democrática americana;

– a partir da grande depressão da década de 1930 e da redução da importância da religião, ocorreu a mudança de uma perspectiva individualista para a responsabilidade social;

– o surgimento de problemas entre as minorias que vivem na América – os negros, alguns estrangeiros, as mulheres, etc., e a necessidade de se recorrer à Psicologia para buscar soluções para tais problemas.

O trabalho de Skinner, calcado no positivismo lógico e orientado por uma linha experimental, constatava tal estado de coisas e propunha um sistema de controle do comportamento que promovesse o bem-estar do homem e encaminhasse ao bem-estar social.

Em uma perspectiva humanista, a proposta rogeriana descobre, nos últimos anos, os problemas sociais e só encontra um caminho para sua solução: a recuperação do homem. Para tanto, analisa-o através de uma abordagem fenomenológica e propõe a mudança de aspectos fundamentais de nossa sociedade a partir de uma nova configuração do homem.

Mais significativo do que descortinar o quadro sócio-político-cultural da América no período compreendido entre 1930 e 1980 é analisar a percepção que Rogers tem do atual momento histórico, e que é expressa num artigo seu que sentimos necessidade de transcrever:

"A parcela da cultura ocidental que se desenvolveu nos Estados Unidos parece estar em processo de declínio e decadência. A convicção cada vez maior das pessoas de que são incapazes de governar a si mesmas – o que representa uma descrença crescente no processo democrático – talvez seja o sintoma mais importante deste fato. Nossos cidadãos acreditam que nossas cidades escapam ao controle dos administradores eleitos. Os direitos e deveres civis deixaram de ter importância vital. Se submetida a um plebiscito, a Declaração dos Direitos, da Constituição, muito provavelmente seria derrotada. O ceticismo em relação ao governo e a todos os seus membros é profundo. A desconfiança é recíproca. O governo desconfia profundamente de seus cidadãos. Caminhamos firmemente para um regime militar onde a força é a autoridade suprema. As recentes denúncias de que foi alvo a elite federal do poder mostram claramente que a mentira e a fraude, a invasão criminosa da vida privada, o desrespeito à lei, o policiamento, o tormento e a prisão a que são submetidos os dissidentes têm sido a política utilizada no controle do povo. Nossa política externa também indica que estamos a um passo do totalitarismo. Domina-a a crença de que o 'o poder faz a justiça'. Nas guerras não declaradas e secretas, o bombardeio de povos indefesos, sem qualquer consideração por seus direitos humanos e políticos, é considerado como um meio adequado de atingir a meta diplomática da assim chamada 'paz'.

Porém, não é apenas na esfera governamental que encontramos a deterioração. As demais instituições também se encontram em decadência. A Igreja deixou, há algum tempo, de exercer uma influência social significativa. A família, enquanto instituição, encontra-se num estado de desordem e confusão onde predomina, na maioria dos casamentos, a distância entre os cônjuges e entre os pais e seus filhos adolescentes.

Quanto à escola, nosso sistema de ensino público está ossificado e não supre as necessidade sociais. A inovação é sufocada e os inovadores são deprimidos. Num mundo em rápida mudança os professores e seus conselhos diretivos – sejam os conselhos escolares locais, sejam as administrações universitárias – tendem a se agarrar tenazmente ao passado, promovendo apenas mudanças simbólicas. É provável que nossas escolas sejam mais prejudiciais do que benéficas ao desenvolvimento da personalidade e exerçam uma influência negativa sobre o pensamento criador. Basicamente, são instituições destinadas a confinar e a vigiar o jovem, a fim de mantê-lo afastado do mundo do adulto.

De um ponto de vista econômico, a situação é bizarra. A nação mais abastada do mundo é considerada incapaz de proporcionar cuidados de saúde adequados ao povo. Os esforços para exterminar a pobreza estão sendo eles próprios exterminados, enquanto os 8% superiores da população têm uma renda maior do que os 50% inferiores. Tal hiato entre pobres e ricos, neste país, e entre nações pobres e ricas, no mundo, torna-se cada vez maior. Empresas poderosas não só exercem uma extraordinária influência sobre nosso governo e nossas vidas, mas também interferem presunçosamente nos assuntos de países estrangeiros. Atualmente, os altos cargos administrativos são ocupados predominantemente por homens ricos, de tal maneira que de nossos 100 senadores, que supostamente representam o povo, 40 são considerados milionários. O homem comum não conta com representantes sensíveis e solidários nem em nível da instituição em que trabalha, nem em nível do governo que o dirige.

Existem outros sinais dos tempos. Como povo, carecemos de qualquer objetivo comum, ou talvez até mesmo de quaisquer objetivos individuais bem definidos. Para muitos, a alienação cultural de nossa juventude é motivo de profunda preocupação. É patente a tendência de pessoas e de grupos a usarem da violência e do crime para atingir qualquer tipo de objetivo, para promover todos os tipos de causas e para atingir qualquer espécie de fim. Neste aspecto, parece que o povo segue o exemplo do governo.

Portanto, temos todos os motivos para duvidar da sobrevivência da nossa cultura. Às vezes, parece que a questão se resume em saber se cometeremos um suicídio mundial, através da bomba, ou se simplesmente declinaremos até que a liderança mundial seja assumida por outras mãos. Trata-se de um quadro nada agradável".

Não é nosso objetivo, neste ponto, analisar quais devem ser as características deste homem, mas vale a pena refletir a percepção que Rogers tem do mundo e especialmente de seu país, quando cita a frase da romancista Joyce Carol Oates (1972) "[...] o universo começa a se assemelhar mais a um grande raciocínio do que a uma grande máquina".

4.3 Rogers: o homem e a obra

Carl Rogers nasceu a 8 de janeiro de 1902, em Oak Park, Illinois, no seio de uma família para a qual a religião era fator muito relevante. Viveu uma infância limitada pelas crenças religiosas e rigidez moral, na qual dominou o isolamento.

No curso ginasial, Rogers já se tornava excelente estudante, com grande capacidade de concentração. Entretanto, seus contatos com as pessoas eram superficiais.

Rogers iniciou um curso de Agricultura no Liceu de Wisconsin, mas após dois anos sentiu mudar sua vocação e começou a preparar-se para o ministério religioso. Trocou, então, o curso de Agricultura pelo de História. No ano seguinte, isto é, em 1922, tendo ido a Pequim para assistir a uma conferência da Federação Mundial de Estudantes Cristãos, acabou por realizar uma excursão pela China Ocidental. Graças à viagem, suas atividades religiosas se tornaram mais liberais e começou a desenvolver-se sua independência psicológica. Segundo o relato de Rogers, "a partir desta viagem, seus objetivos, valores, propósitos e filosofia passaram a ser os seus próprios", divergentes de tudo que lhe havia sido transmitido até então pelos pais.

Em 1924, Rogers iniciou estudos de Teologia no Union Theological Seminary, uma escola liberal. Rogers considera que no "Union" viveu a mais rica de suas experiências escolares e graças ao contato com pessoas como Goodwin Watson, Harrison Elliot e Marian Kenworthy passou a interessar-se por Psicologia e Psiquiatria. Passou, então, a estudar Filosofia da Educação e Psicologia no Teachers College da Universidade de Columbia, onde concluiu o doutorado em 1931. Foi nesse curso que ele descobriu a possibilidade de prestar ajuda a quem necessitasse, mesmo estando fora da Igreja.

Em 1930, Rogers começou a publicar artigos em revistas especializadas. Alguns deles versavam sobre personalidade e sua avaliação através de testes e outros instrumentos de diagnóstico; outros, sobre a inteligência como um fator em atividade de campo. Em todos os trabalhos, contudo, está presente o interesse pelo diagnóstico e o florescimento dos testes, que marcaram a psicologia americana no final da década de 1920 e início da década de 1930.

Seu primeiro trabalho foi num centro de orientação infantil, em Rochester, Nova York, onde a orientação era essencialmente psicanalítica e, portanto, entrava em conflito com a orientação estatística, rigorosa e objetiva que Rogers recebera na universidade. Nos 12 anos de trabalho em Rochester, Rogers desenvolveu seu modelo terapêutico, passando de uma abordagem diretiva e formal para o que ele denominou terapia de relacionamento.

Como o tratamento psicanalítico tinha longa duração e custo proibitivo, foram feitas outras alternativas para se obter o ajustamento das pessoas. Foi então que surgiu um modelo de tratamento denominado "terapia de relacionamento" ou "terapia passiva", provavelmente inspirado nos conceitos do psicanalista dissidente Otto Rank, que pregava tolerância do terapeuta para com o cliente. Mais tarde, Rogers viria a admitir grande semelhança entre seu trabalho e as ideias de Rank.

Das atividades de Rogers em Rochester, resultaram algumas de suas obras; em 1939, *The Clinical Treatment of the Problem Child* foi o livro que lhe valeu um convite para ser professor da Universidade de Ohio.

Dois anos depois, no livro *Counseling and Psychotherapy*, Rogers expunha sua experiência de aplicação da "terapia de relacionamento a adultos, principalmente a estudantes".

Neste livro, Rogers define melhor os conceitos da psicoterapia, estabelece mais claramente diversos aspectos e usa as expressões "não diretivo" e "centrado no cliente".

Foi a partir desta época que, recebendo de estudantes graduados o estímulo necessário e sentindo a oportunidade de expandir sua criatividade, Rogers dedicou-se à análise mais formal da relação terapêutica e publicou uma série de artigos entre 1940 e 1943.

Em 1944, Rogers ainda se volta para os problemas do ajustamento humano, publicando um artigo sobre os efeitos da guerra e outros sobre seu modelo terapêutico: *Adjustment after Combat. Army Air Forces Flexible Gunnery School, Fort Myers, Flórida. 1944, 90 p.*; The Development of Insight in a Counseling Relationship. *J. Consult. Psychol.*, 1944, 8, p. 331-341; The Psychological Adjustments of Discharged Service Personnel. *Psych. Bulletin*, 1944, 41, p. 689-696.

Em 1945, a Universidade de Chicago ofereceu-lhe a oportunidade de estabelecer um Centro de Aconselhamento baseado em suas ideias. Nesse ano, os trabalhos publicados por Rogers sobre psicoterapia já davam uma designação ao modelo terapêutico lançado por ele – método não diretivo – e propunham sua aplicação à pesquisa social.

Coerente com sua tese de que o cliente administra sua própria terapia, Rogers confiou na equipe do Centro de Aconselhamento da Universidade de Chicago para administrar seu próprio ambiente de trabalho e foi diretor até 1957.

A publicação de artigos em revistas especializadas prosseguiu entre os anos de 1945 e 1951, à medida de quatro artigos por ano, versando sempre sobre suas novas conclusões a respeito da terapia centrada no cliente.

Em 1951, Rogers escreveu *Terapia centrada no cliente*, livro que expunha sua primeira teoria formal sobre terapia, sua teoria de personalidade e algumas pesquisas que orientaram suas conclusões. Neste livro, ele realça o aspecto mais revolucionário de sua postura enquanto terapeuta – o cliente é quem deve ter a força orientadora da relação terapêutica. O assunto tornou-se polêmico nos meios psicoterapêuticos, pois atingia de modo direto a autoridade do terapeuta e alertava para a suposta falta de consciência do cliente. O tema foi reforçado, posteriormente, em seu livro de 1961 *Tornar-se pessoa*.

A permanência em Chicago constituiu um período produtivo para a vida de Rogers, embora, em determinado momento, envolvido com a patologia de uma cliente, ele tivesse um início de esgotamento nervoso. Após um afastamento de três meses, ele submeteu-se à terapia com um de seus colegas. Rogers admite que, após esta fase, suas interações com os clientes tornaram-se mais livres e espontâneas.

Na década de 1950, os artigos publicados por Rogers versavam ora sobre a atitude do terapeuta, ora constituíam relatos de casos terapêuticos ou narravam as mudanças do cliente ao longo do processo de terapia.

Ele produziu também filmes sonoros e pesquisas sobre sua técnica de trabalho. Em 1954, logo após a publicação de On Becoming a Person (Tornar-se pessoa), amplamente divulgado, Rogers começa a preocupar-se com a criatividade, o que fica evidente em seu artigo "Towards a Theory of Criativity", publicado na Review of General Semantics, 1954, 11, p. 249-260 e em H. Anderson, ed. Creativity and its cultivation, N.Y., Harper and Bros., p. 69-82.

Em 1955, Rogers foi presidente da Associação Americana de Psicologia. Neste mesmo ano, um artigo escrito por ele, "Persone or Science? A Philosophical Question", publicado em American Psychologist, 1955, 10, p. 267-278, denuncia sua preocupação com as bases filosóficas de sua teoria.

O ano de 1956 marcou a preocupação com os avanços na predição e controle do comportamento; Rogers expressou sua opinião em alguns de seus artigos e o Simpósio do qual ele participou com B.F. Skinner – Some Issues Concerning the Control of Human Behavior – foi publicado em diversas revistas especializadas.

Em 1957, Rogers foi para a Universidade de Wisconsin em Madison, onde entrou em conflito com a maneira pela qual o ensino era conduzido, limitando sua liberdade como professor e a liberdade dos alunos. Seu artigo "Personal Thoughts on Teaching and Learning", publicado em Merril-Palmer Quarterly, Summer, 1957, 3, p. 241-243, evidencia a transferência de sua postura terapêutica para a postura do educador. Nos dois anos seguintes, seus trabalhos são marcados por uma abordagem ampla da relação de ajuda que pode ser aplicável tanto à terapia quanto à educação. Característico desta fase é o artigo "Significam Learning: in Therapy and in Education". *Education Leadership*, 1959, 16, p. 232-242.

A partir do final da década de 1950, Rogers passa a focalizar em seus artigos sua identificação com o existencialismo, principalmente o de Kierkegaard e Buber, que são mais otimistas. É então que sua psicologia começa a ser identificada como Psicologia Existencial, com marcas de uma filosofia humanista.

Nos anos seguintes, Rogers continuou, em suas publicações, a divulgar os desenvolvimentos da terapia centrada no cliente. Eram artigos sobre a aprendizagem da liberdade, sobre as relações interpessoais, a terapia de esquizofrênicos, sobre o funcionamento da personalidade plena ou sobre os valores com os quais lidamos.

A partir de 1963, Rogers abandonou o magistério e foi para o recém-criado Instituto Ocidental da Ciência do Comportamento, em La Jolla, Califórnia. Anos depois, ele manifestou sua indignação em relação à educação no artigo "Pressupostos correntes sobre a educação universitária: uma exposição apaixonada". Rejeitada a publicação do artigo pelo periódico *The American Psychologist*, foi o mesmo amplamente distribuído entre os estudantes graduados, até sua publicação em 1969. Sua influência na educação já se tornara, contudo, evidente e, em 1969, ele lançou o livro *Liberdade para aprender* que, além de conter uma exposição bem clara sobre a natureza do ser humano, explicita o tipo de condições educacionais que ele defende.

Na Califórnia, Rogers criou o Centro de Estudos da Pessoa, uma livre associação de pessoas em posições de ajuda. Ele foi livre, neste trabalho, para experimentar, inventar e testar suas ideias sem as influências restritivas de instituições sociais ou da responsabilidade acadêmica. Resumindo seu trabalho com os grupos de encontro, Rogers publicou, em 1970, o livro *Grupos de encontro*, através da Harper and Row, Nova York.

A passagem de Rogers de terapeuta centrado no cliente para líder de encontros e pesquisador não se deu acidentalmente. Ele sempre afirmou que as pessoas, mesmo não sendo especialistas, podiam ter uma atividade terapêutica.

Os grupos de encontro, cujas origens podem ser buscadas na tradição protestante norte-americana e no judaísmo hassídico, tinham, inicialmente, por objetivo, alterar as atitudes de uma pessoa em relação a si mesma e modificar seu comportamento para com os outros. Havia uma insistência na abertura, no aqui e agora e a manutenção de uma atmosfera de apoio.

Os modernos grupos de encontro têm sua origem em 1946, nos programas de treinamentos de líderes comunitários. Inspirados nestes grupos, surgiram, em 1947, os National Training Laboratories (NTL), que ajudaram a desenvolver o T-Group ou de treinamento como instrumento válido nos órgãos do governo ou das empresas particulares.

Enquanto os NTL começavam a cair no descrédito porque os executivos que neles se tornavam mais conscientes de si mesmos não eram, necessariamente, os mais produtivos, o Instituto Esalen, na Califórnia, iniciou uma exploração de processos de grupo mais intensivos e menos estruturados. A pretensão do Instituto era "enfatizar as potencialidades e valores da existência humana". O trabalho de Rogers, no seu Centro de Estudos da Pessoa, embora desenvolvido independentemente, assemelha-se significativamente ao dos grupos de Esalen.

Dedicando-se exclusivamente às atividades do Centro de Estudos da Pessoa, Rogers passou a ocupar-se dos padrões de relacionamento amoroso e publicou, em 1972, o livro *Novas formas de amor*, através da editora Delacorte, de Nova York. Há grande interesse no Japão pela obra de Rogers, que vem sendo traduzida para aquela língua.

Por um período curto, Rogers lecionou na Universidade Internacional dos Estados Unidos em San Diego, tendo se afastado por discordar do presidente da universidade a respeito dos direitos dos estudantes.

Até recentemente, Rogers dedicou-se ao centro, fez conferências e escreveu, convivendo com a família e cuidando de seu jardim.

Antecedentes intelectuais da obra de Rogers

A teoria de Rogers desenvolveu-se a partir de sua experiência clínica. Ele não procura justificar suas colocações como originadas em uma escola filosófica ou psicológica e afirma: "Nunca pertenci a qualquer grupo profissional. Fui educado por ou tive íntimas relações de trabalho com psicólogos, psicanalistas, psiquiatras, psiquiatras sociais, educadores e religiosos, mas nunca senti que pertencia de fato, num sentido total ou comprometido, a qualquer um desses grupos..." (ROGERS, 1967).

Entretanto, algumas referências nos impedem de considerar Rogers um nômade intelectual: a primeira é a relação entre os princípios rogerianos e a filosofia oriental, especialmente o zen-budismo e a filosofia de Lao-Tsé; a segunda, a semelhança entre os pontos de vista educacionais de Dewey e Rogers; a terceira é a identificação com a filosofia existencialista, principalmente a de Martin Buber e Soren Kierkegaard e a caracterização que o próprio Rogers fez de sua postura como fenomenológica.

São estas referências que nos propomos analisar: buscando os precursores da terapia centrada no cliente, talvez encontremos bem remotamente, em Lao-Tsé, ideias semelhantes às de Rogers. Martin Buber (1957) neste parágrafo: "[...] O homem pleno não interfere na vida dos seres, não se impõe aos outros, mas ajuda todos a construírem sua liberdade" que é de autoria de Lao-Tsé, identifica a pessoa que o terapeuta centrado no cliente aspira ser. O próprio Rogers, ao caracterizar sua posição, cita os versos de Lao-Tsé:

"*Se eu deixar de interferir nas pessoas,*
  elas se encarregarão de si mesmas,
Se eu deixar de comandar as pessoas,
  elas se comportarão por si mesmas,
Se eu deixar de pregar às pessoas,
  elas se aperfeiçoarão por si mesmas,
Se eu deixar de me impor às pessoas,
  elas se tornarão elas mesmas".

Apesar de Rogers admitir que só recentemente entrou em contato com esta filosofia e que esta máxima por ele proferida não é ainda valorizada na cultura ocidental, a base religiosa de sua formação deve tê-lo aproximado destes preceitos.

Embora os métodos do zen-budismo sejam fundamentalmente diferentes dos rogerianos, a ideia de que o indivíduo encontre as respostas a partir de si mesmo é comum aos dois sistemas.

Durante seu trabalho com estudantes graduados, Rogers foi influenciado diretamente por John Dewey, particularmente através do trabalho de William H. Kilpatrick, ardoroso seguidor do mestre de *Educação e democracia*. A filosofia de Dewey está evidente em livros como *Liberdade para aprender* (ROGERS, 1969), onde, repetindo os dois autores, Rogers critica o sistema educacional tradicional, por recusar-se a ser suficientemente centrado no aluno. Ele admite que seu pensamento sobre educação não é original e admite que foi indubitavelmente influenciado por estes autores (EVANS, 1979).

Na década de 1940, a filosofia existencialista e humanista emergiam na Europa e Rogers começava a escrever, mas a sua identificação com o existencialismo não tem origem aí. Foram seus alunos do Seminário Teológico de Chicago que o alertaram para a semelhança entre seus pontos de vista e os de Kierkegaard e Buber. Lendo esses e outros autores, Rogers admitiria, mais tarde, sua identificação com existencialistas mais moderados (e não com os franceses), especialmente os americanos, fundamentalmente positivos, provavelmente por não terem experimentado a guerra com os europeus.

Gendlin (1962), na tentativa de caracterizar o grupo de teóricos no qual Rogers se enquadra, usou as expressões psicoterapia existencial e psicoterapia experiencial. Um terapeuta se intitula experimental se a ênfase de seu trabalho recai nas etapas concretas e vividas do cliente.

A psicoterapia existencial supõe que alguém se construa e se modifique em sua vida presente. O passado de uma pessoa e seu maquinismo interno não determinam realmente sua vida. As soluções para os problemas que as pessoas enfrentam não estão no passado nem apenas dentro das pessoas, mas no viver uma vida aberta e todas as possibilidades.

A psicoterapia existencial constitui hoje uma subdivisão do movimento experiencial e usa o vocabulário do existencialismo: "Pessoas são existência". A palavra existência facilmente se transforma numa abstração paradoxal; pode tornar-se vaga, a menos que se lembre que existência não é algo que se pensa, mas algo que se é e que se vive (SARTRE, 1956). Esta observação dá ênfase ao sentimento, e isto é básico para a formulação de noções como "autenticidade" e "relação autêntica". "Pessoas não são definições", pois definir é tornar alguma coisa estática e definir a vida humana é fazer dela uma coisa. A mudança pretendida pela terapia e educação rogerianas é um desenvolvimento, um processo de vida, e, portanto, muito mais do que uma definição. A Filosofia Experiencial observa que cada pessoa é, agora, o que se muda, o que se movimenta. Impor interpretações ou esquemas pode ser útil, mas o caminho que leva as pessoas a se descobrirem é o único que leva em conta as reais possibilidades de cada um.

Entre os precursores da Psicoterapia Existencial, Gendlin coloca Kierkegaard, Dilthey, Husserl, Heidegger, Buber, Sartre, Merleau Ponty e os filósofos do existencialismo.

Como método terapêutico, a psicoterapia experiencial deve citar Whitaker, Warkentin e Malone como precursores e Otto Rank, Jesse Taft, Frederick Allen e Carl Rogers.

Neste quadro, vale realçar os que maior influência exerceram sobre Rogers: Kierkegaard (1813-1855) opunha-se a Kant e a Hegel, por um lado, e, por outro, ao positivismo de Comte e Taine e ao evolucionismo de Spencer e Milb, que mergulhavam o indivíduo no determinismo das leis naturais. Ele reivindicava "os direitos imanentes do indivíduo humano". Isto representava a consciência reagindo contra a tirania da ciência. Kierkegaard lançou no debate filosófico o Valor, a Cultura, o Indivíduo como dados irrecusáveis que não podiam ser desconhecidos em nome de um cientismo de qualquer espécie. Era o modelo de humanismo que Rogers abraçaria também.

Martin Buber (1878-1965) enfatizou o processo concreto de relação terapeuta-cliente. Ele considerava que, "quando há, entre duas pessoas, um relacionamento imediato e direto, quando não se tem consciência de mais nada além da pessoa, e ela não tem consciência de mais nada além de você, e há uma sensação profunda de comunicação entre vocês dois, dá-se uma relação Eu-Tu" (BUBER, 1965). Em *On Becoming a Person* (1961), que reúne os escritos de Rogers de 1953 a 1960, ele já reconhecia que o terapeuta deve estar presente para que o relacionamento terapêutico seja eficaz; é o relacionamento Eu-Tu, que se desenvolve entre terapeuta e cliente imbuídos da filosofia de não imposição. É provavelmente aí que surge a importância da atitude não diretiva do terapeuta.

Rollo May é o fundador da psicoterapia existencial na América. Ele enfatizou o contato direto com a responsabilidade de cada um por sua própria vida e com os desafios encobertos sob o que, primariamente, aparece como ansiedade.

May desenvolveu seu próprio modelo terapêutico, no qual o foco principal são os desafios não encarados na vida. Além disso, ele tem sido divulgador das ideias de Rogers em seu país.

Outra influência significativa, provinda da escola psicanalítica, é devida a Otto Rank. O contato entre Rogers e Rank aconteceu num Seminário em Rochester, que teve a duração de três dias, e na convivência de Rogers com um grupo de psiquiatras e assistentes sociais na Filadélfia, que havia sido influenciado por Rank.

Otto Rank (1884-1939) influenciou Rogers no tocante ao estabelecimento de um limite de tempo para a terapia em lugar de longos períodos de análise e no que diz respeito às ideias sobre o relacionamento: ao enfoque no presente imediato. Em 1950, Rank escreveu: "[...] o encontro do homem por si mesmo em segurança é o único valor da terapia; deve levar o cliente a compreender-se numa experiência imediata, que permite viver e entender, para desenvolver-se". Segundo Rogers, as ideias de Rank sobre o relacionamento ajudaram-no a cristalizar alguns de seus métodos terapêuticos.

Não se pode precisar o quanto Husserl (1859-1938) influenciou Rogers. Provavelmente, foi a visão da fenomenologia como método que mais tocou Rogers.

Para Husserl, a fim de compreendermos aquilo que sabemos a respeito do homem, é necessário combinar a indução com o conhecimento reflexivo que podemos obter de nós mesmos enquanto sujeitos conscientes. Assim, só seremos capazes de compreender o que é uma imagem ou o que é uma percepção através de uma reflexão sobre nossa experiência de imagem e sobre nossa experiência de percepção. A isto, ele chamou Psicologia Eidética.

Existe uma aproximação entre a noção fenomenológica de intersubjetividade e a noção rogeriana de conhecimento interpessoal. Trata-se de uma maneira interpessoal ou fenomenológica de conhecimento, em que a empatia é dirigida no sentido do outro indivíduo.

Rogers usou este modelo de conhecimento e afirmou que, utilizando a inferência empática, testando suas hipóteses diante do mundo fenomenológico do cliente, obteve conhecimentos que o levaram à formulação de princípios psicológicos relacionados à mudança da personalidade.

Mais recentemente, Rogers enfatizou esse método de abordagem fenomenológica. Analisando os resultados de seu trabalho, ele concluiu que, quando começamos a medir diretamente os índices de eventos fenomenológicos internos subjetivos, considerados significativos, podemos encontrar mais rapidamente as leis, a ordem e o poder preditivo do que quando limitamos nossa conceitualização a comportamentos externos.

Com base na observação naturalista, Gendlin tem tentado estabelecer uma ponte entre o objetivo e o subjetivo. Ele considera que nossos significados pessoais são formados na interação com outros. A medida que o indivíduo se volta para sua experiência, o significado implícito torna-se simbolizado: "eu estou com raiva", "eu estou de acordo com o que ele diz". O significado é, pois, formado entre a experiência e os símbolos. Uma rede de significados cada vez mais refinados pode derivar de um único momento de experiência.

Gendlin realça que estes conceitos são orientados existencialmente, baseados fenomenologicamente e que podem auxiliar-nos na seleção de variáveis científicas que são significativas à predição existencial do homem. Além disso, ele considera que tais variáveis podem ser definidas operacionalmente e empiricamente testadas. Seu pensamento pode constituir um passo na superação da dicotomia sujeito-objeto, que marca nosso pensamento.

4.4 Aplicabilidade à educação

Antes de qualquer comentário é necessário que se faça uma distribuição entre a teoria de Rogers e as teorias de aprendizagem em geral. Enquanto para essas o foco está no aprender, quer enquanto processo, quer enquanto produto, para Rogers, o foco está na pessoa que aprende. As teorias de aprendizagem fornecem, geralmente, subsídios para o planejamento e a organização de estratégias de ensino. A sugestão rogeriana não tem a ver com metodologias, mas sim com atitudes do professor.

O ponto de partida de Rogers é de que "somente pessoas podem desenvolver pessoas" (ROGERS, 1971). Logo, é necessário fazer com que administradores, professores, supervisores, etc., sejam, primeiramente, pessoas por sua própria conta. Para ele, uma pessoa expressa abertamente onde está e quem é, sem esconder-se atrás da aparência de ser o profissional x. Ela é autêntica e sua autenticidade transparece; logo, ela é única, e isto só confirma que há uma grande diversidade de pessoas, cada qual com seus valores próprios, que não são simplesmente palavras ou declarações que ela assimilou numa instituição, mas que representam o "como" ela vive. Os valores são, nesta perspectiva, um estado de ser, um modo de dizer quem a pessoa é.

A partir desta concepção de pessoas, Rogers define que uma aprendizagem deve ser significativa, isto é, deve ser algo significante, pleno de sentido, experiencial, para a pessoa que aprende. Uma aprendizagem significativa tem a qualidade de um envolvimento pessoal – a pessoa como um todo, tanto em seu aspecto sensível quanto sob o aspecto cognitivo, inclui-se no fato da aprendizagem. Mesmo quando a incentivação vem de fora, o descobrir, o captar o sentido, o compreender vêm de dentro. Esta aprendizagem suscita mudanças no comportamento, nas atitudes e até mesmo na personalidade do educando. À medida que ocorre tal aprendizagem, o próprio aprendiz avalia se ela está indo ao encontro de suas necessidades, em direção ao que ele quer saber;

assim o *locus* da avaliação reside no próprio educando. O significado é a essência desta aprendizagem, que se desenvolve dentro da experiência do educando como um todo.

Por isto, Rogers (1971) caracterizou a aprendizagem significativa como autoiniciada, penetrante, avaliada pelo educando e marcada pelo envolvimento pessoal.

Das características da aprendizagem significativa, decorrem duas conclusões de Rogers: 1) a aprendizagem é facilitada quando o aluno participa responsavelmente do seu processo – escolhe suas direções, ajuda a descobrir recursos próprios ao seu aprendizado, formula problemas que lhe interessam, escolhe a linha de ação a seguir e avalia as consequências de sua escolha; 2) o facilitador da aprendizagem é aquela pessoa que, consciente de suas limitações e de suas possibilidades, estabelece um clima de receptividade, no qual ele se torna, progressivamente, um aprendiz participante, um membro do grupo, uma pessoa que oferece uma participação que os alunos podem acolher ou recusar. A preocupação rogeriana não é, pois, o "que ensinar" mas "como" facilitar o aprender.

As ideias de aprendizagem significativa e de facilitação da aprendizagem chocam-se, contudo, com um esquema escolar que inclui currículos preestabelecidos, deveres idênticos para todos os alunos, aulas expositivas como recurso didático mais usado, testes padronizados e notas dadas pelo professor como medidas de aprendizagem. A proposta de Rogers para a escola é que tudo isto seja repensado e que se definam novas alternativas para lidar com a classe, baseando-se nos objetivos e valores pelos quais educadores e estudantes devem lutar.

As novas alternativas sugeridas por Rogers (1970), quando narra alguns experimentos, incluem algumas características:
– a relação pedagógica tem um caráter não ameaçador; para tanto, deve fundamentar-se em relações interpessoais adequadas, baseadas no respeito mútuo e não no modelo de submissão do aluno ao professor, que constitui a norma do ensino convencional. Ganham especial sentido nesta relação as qualidades requeridas do facilitador – autenticidade, confiança, aceitação do outro e compreensão empática;

- realça-se a iniciativa do aluno e sua capacidade de escolha;
- o foco da aprendizagem é dirigido a quem aprende, e não a quem ensina; o professor não fica, contudo, marginalizado; ele tem a exata medida do interesse dos alunos pelo seu trabalho, na medida em que eles são livres para participar ou estar ausentes das atividades;
- a avaliação deve suprir o objetivo de apreciar o rendimento escolar do aluno, assegurando, contudo, seu autorrespeito.

A transferência para o campo da educação escolar de um sistema de crenças elaborado na prática terapêutica aproximam os dois processos e despertam para o caráter comum que eles apresentam – ambos visam o desenvolvimento da pessoa humana.

As considerações feitas sobre a facilitação da aprendizagem (ROGERS, 1971) nos remetem a como, por que e quando os alunos aprendem e como a aprendizagem parece ser e é sentida como vinda de dentro. Este parece ser o caminho sugerido por Rogers e, para atingi-lo, ele defende a qualidade da atitude assumida pelo facilitador no relacionamento interpessoal com o aluno. É precisamente esta atitude que assegura um clima de liberdade, de oportunidade para aprender.

As atitudes consideradas eficazes para promover a aprendizagem podem ser assim descritas: a autenticidade do facilitador diz respeito à sua disposição para ser uma pessoa, para ter e viver os sentimentos e as ideias do momento. A confiança básica é a convicção de que a outra pessoa (o aluno) é fundamentalmente merecedora de crédito; é designada também como apreço ou aceitação. A compreensão empática é a capacidade de compreender as reações íntimas do aluno, de estar na situação do outro, dever pelos olhos do aluno. Essa espécie de compreensão difere fundamentalmente da avaliativa, que se baseia no modelo: "compreendo o que há de errado com você".

Rogers não apresentou uma proposta fechada, estruturada de ensino, mas um modelo aberto de aprendizagem que, para ser produzida, admite um leque de alternativas de ensino. Seu objetivo é tornar o facilitador sensível à alternativa mais adequada ao aprendiz.

Partindo de sua experiência com os grupos de encontro, onde este processo é vivido no dia a dia, Rogers considera que o ensino centrado no aluno tende a modificar as relações dos alunos entre si e dos alunos com o professor, na medida em que estas relações se tornam conscientes, mais sensíveis e expandem a aprendizagem de matéria provida de significação. Há também uma mudança no professor. Ele considera que a vida construtiva no mundo presente só é possível se dispusermos de pessoas autoestimuladas e autoiniciadas e que estas pessoas se desenvolvem num relacionamento pessoa a pessoa, capaz de promover, facilitar o crescimento.

4.5 Visão crítica

Uma avaliação das contribuições de Rogers

Carl Rogers é conhecido como um terapeuta, eventualmente um educador. Na verdade, não percebo distância entre essas duas profissões, pois visam ambas o desenvolvimento do ser humano. E Rogers foi coerente ao transferir as conclusões de sua experiência terapêutica para o campo da educação, pois seu trabalho não consistia na análise do fenômeno educação nem do fenômeno saúde mental, mas na defesa de uma atitude do profissional que facilita o processo de desenvolvimento. É quase a sugestão de um método de viver e trabalhar; daí ser ele mais um pragmático que um teórico; mais um pensador que percebe identificações de suas ideias construídas com as de outros pensadores do que um pensador que se inspira em outros e elabora "sua teoria" a partir dos fundamentos de outros.

A mais temerária consequência do ponto de vista rogeriano é sua hipótese de que possuímos, em termos de existência, o poder de escolher, o que implica em atribuir ao homem a liberdade e a responsabilidade por suas opções. Não se trata de retomar aqui a questão do livre-arbítrio, cuja discussão exaustiva não levou a uma conclusão. É, antes, a recolocação, em primeiro plano, do grau inalienável de liberdade de cada vida humana. Frankl, psicólogo existencial, observando internos nos campos de concentração alemães durante a Segunda Guerra, admitiu que, mesmo sob estados de terrível tensão física e psíquica, o homem pode preservar sua liberdade espiritual e sua independência mental. Do mesmo modo, Rogers fala de "uma liberdade em que o indivíduo procura realizar-se ao desempenhar um papel responsável e voluntário, ao provocar os acontecimentos do destino de seu mundo" (ROGERS, STEVENS et al., 1976, p. 60).

Ele admite que a opinião mais difundida hoje se refere ao homem como um ser dominado pela cultura, pelo governo, pela hereditariedade ou por contingências. Mas ele recusa a noção de que o indivíduo não passa de um elo entre uma série de causas complexas e predeterminadas e pretende devolver ao homem sua oportunidade de escolher o que aprender e o que mudar em si mesmo.

Rogers tornou-se conhecido pelas inovações trazidas à técnica de aconselhamento, à teoria da personalidade, à filosofia da ciência, por suas pesquisas em psicoterapia e pelo seu envolvimento com grupos de encontro, ensino centrado no aluno. Todos estes campos são afetados por sua visão da natureza humana dotada de liberdade.

O seu humanismo consistiu em tornar realidade as possibilidades humanas de criatividade e crescimento, considerar a pessoa no aqui e agora, enfatizar o lugar central do "eu" e libertar as pessoas para a caminhada sem fim de sua vida.

No campo da psiquiatria, pode-se dizer que os terapeutas radicais, que lutam para libertar a psiquiatria de sua mística e levar auxílio psicológico aos "deserdados" por motivos econômicos, políticos, sociais, têm em Rogers um aliado. Já nas décadas de 1930,1940 e 1950, ele tentava impedir que a medicina sufocasse as profissões de ajuda e que uma só profissão ou disciplina tivesse o monopólio do conhecimento em assuntos humanos. Enfrentando médicos, psiquiatras, psicanalistas e profissionais ligados aos já citados, ele defendeu o ponto de vista de que a ajuda pode ser proporcionada por pessoas que, eventualmente, não tenham recebido uma formação médica.

Rogers não só desmistificou a classe dos psicoterapeutas em geral, como também seu próprio comportamento como terapeuta. Até recentemente, os terapeutas mantinham segredo sobre seu trabalho; Rogers não só documentou sua interação com os clientes, como também possibilitou a discussão de seu método.

No tocante à educação formal, ele foi crítico ardoroso e considerou a escola, desde a primária até a universidade, a mais obsoleta, incompetente e burocrática instituição de nossa cultura. Admitiu que a passagem da criança pela escola faz decrescer nela a autonomia e a criatividade. Além disso, considerou o ensino universitário como baseado na falta de confiança do estudante e orientado pela imposição dos responsáveis pela educação, percebendo o descompasso entre o que é ensinado e o que a vida requer, considerando que, a menos que a universidade se transforme drasticamente, ela perderá sua importância. Rogers não hesitou em abandonar os meios acadêmicos e científicos, passando a dedicar-se a um trabalho com pessoas comuns, provenientes de meios diversos, mas altamente preocupadas com o desenvolvimento pessoal.

Não se conhece Carl Rogers por sua atuação política. Só recentemente tem-se dado conta do caráter revolucionário de suas ideias e da influência que elas podem ter na sociedade de nosso tempo (FARSON, 1979).

Em 1975, Rogers escrevia: "Não sei como resolver os problemas da exploração dos pobres pelos ricos, ou o horror da sombra nuclear, ou as incríveis injustiças sociais do mundo. Desejaria ardentemente que eu soubesse" (ROGERS, 1975).

Mais recentemente, contudo, encontramo-lo empolgado com o mundo social. Para além do indivíduo, da escola, do grupo, ele se refere a características essenciais em nosso modo social de vida, abordando as alternativas da sociedade como um todo.

Surpreendentemente, ele nunca se viu como político, nunca se identificou com movimentos sociais. Entretanto, sua obra tem um tema central: "podemos e devemos confiar na capacidade das pessoas para dirigirem suas próprias vidas". Há quem afirme que ele deu significado real e um *slogan* que ele mesmo nunca usou: "Poder para o povo" (FARSON, 1979).

Em seus escritos mais recentes é evidente a preocupação de Rogers com os problemas sociais e com o surgimento de um novo tipo de pessoa, capaz de superar os obstáculos e mudar nossa sociedade. Concluindo um trabalho, Rogers diz: "A despeito da escuridão do presente, nossa cultura pode estar à beira de um grandioso salto evolucionário-revolucionário. Digo simplesmente, de todo meu coração – Poder à pessoa que está surgindo e à revolução que ela traz em si" (ROGERS, 1979).

Por tudo isso, acreditamos que a principal contribuição de Rogers não foi nos dar uma técnica psicoterapêutica, mas propor uma nova forma de relacionamento interpessoal, na qual as pessoas funcionam mais completamente e são autodeterminadas. Seu trabalho é válido para a reestruturação de quase todos os campos da atividade humana. A nova forma de relacionamento trazida por ele é responsável por um grande impacto nas instituições e deflagrou a revolução na participação, o que predominou no desenvolvimento dos Estados Unidos na década de 1970.

Alguns questionamentos

Os especialistas que abordam a personalidade podem ser distribuídos em grupos: os que buscam a compreensão da personalidade a partir de orientações básicas focalizadas no determinismo biológico inconscientemente orientado, os que a buscam no determinismo cultural orientado pelo ambiente social e os que defendem o autodeterminismo orientado pela experiência.

O primeiro grupo é representado pelos psicanalistas ortodoxos; o grupo dos neofreudianos deu maior ênfase aos efeitos da influência no meio social e cultural sobre o desenvolvimento do homem. Na América contemporânea, a maioria dos psicólogos tenta situar o homem dentro do seu meio social que acreditam ser a força essencial na formação da personalidade.

Extrapolando esta abordagem e deslocando seu interesse da personalidade para o comportamento, Skinner tornou-se o principal representante do determinismo social ao estudar os princípios de aprendizagem necessários à explicação da influência do ambiente social.

Rogers encontra-se na vanguarda de um movimento que reflete maior interesse pela individualidade e autorresponsabilidade do homem que o demonstrado pelo determinismo tanto biológico como cultural. Fundamentais para o pensamento contemporâneo que adota esta posição são os trabalhos de Abraham Maslow, Rollo May, Edmund Husserl, Martin Heidegger, além de outros psicólogos de orientação mais teórica, como Gordon, Allport, Eugene Gendlin e Frankl, que também expressam uma preocupação com a autonomia do eu. Provavelmente, devido à busca de uma fundamentação filosófica para suas ideias e à sua identificação com o movimento existencialista, Gendlin deverá ser um continuador e responsável pelo aprofundamento do modelo terapêutico adotado por Rogers.

Quando Rogers começou elaborar suas primeiras ideias, que incluíam um modelo de aprendizagem não controladora, Skinner iniciou os estudos sobre controle de comportamento. Foi provavelmente este o motivo de Skinner ter percebido o trabalho de Rogers como uma ameaça. Na verdade, a orientação behaviorista talvez seja o conjunto teórico de referência mais significativo para os psicólogos americanos, acadêmicos ou pesquisadores. Os debates entre Rogers e Skinner ativeram-se, muitas vezes, às questões filosóficas e teóricas levantadas pelo tema "determinismo". Rogers considera que sua abordagem não ignorou os três enfoques a que nos referimos. Entretanto, parece-nos que o mais importante para ele não é a discussão das bases biológicas, sociais ou autodeterministas do comportamento, mas a síntese do eu do indivíduo.

O atual *Zeitgeist* reflete os frutos das ideias de Rogers e Skinner, como se fossem os dois extremos da abordagem dos problemas humanos. Entretanto, ambos estão tratando o homem na atualidade; nenhum focaliza o passado, como faz a psicanálise.

Pelo menos em dois pontos fundamentais parece haver um encontro desses dois psicólogos: ambos estão preocupados com a pessoa humana e com a possibilidade de reconstrução social a partir do desenvolvimento do homem; tanto Skinner quanto Rogers estão apegados a uma herança democrática e suas propostas visam o progresso da democracia.

Referências

BOCHENSKI, I.M. (1975). *A filosofia contemporânea ocidental*. 3. ed. São Paulo: [s.e.] [Trad. Antônio Pinto de Carvalho].

CARMO, R.R. (1974). *Fenomenologia existencial*. Belo Horizonte: Lutador.

CRISTOFF, Daniel (1967). *Husserl ou o regresso às coisas*. Lisboa: Estudios Cor.

DÁRTIGUES, André (1973). *O que é a fenomenologia?*. Rio de Janeiro: Eldorado Tijuca [Trad. M. José J.G. de Almeida],

EVANS, Richard I. (1979). *Carl Rogers: o homem e suas ideias*. São Paulo: Martins Fontes [Trad. Manoel Paulo Ferreira].

FADIMAN, James & FRAGER, Robert (1979). *Teorias da personalidade*. São Paulo: Harbra [Trad. Camila Pedral Sampaio e Sybil Soldié].

FARSON, Richard (1979). Carl Rogers, revolucionário tranquilo. In: EVANS, R.I. *Carl Rogers: o homem e suas ideias*. São Paulo: Martins Fontes.

FOULQUIÉ, Paulo (1975). *O existencialismo*. São Paulo/Rio de Janeiro: Difel [Trad. J. Guinsburg].

GENDLIN, Eugene T. (1962). *Experiencing and the Creation of Meaning*. Nova York: The Free Press of Glencoe.

HUSSERL, Edmund (1965). *A filosofia como ciência de rigor*. Coimbra: Bibliografia filosófica [Trad. Albin Beau e prefácio de Joaquim Carvalho],

JOLIVET, Regis (1975). *As doutrinas existencialistas*. Porto: Tavares Martins.

LIMA, Alceu A. (1956). *O existencialismo e outros mitos do nosso tempo*. Rio de Janeiro: Agir.

OATES, Joyce C. (1972). "New heaven and earth". *Saturday Review*, nov. 4, p. 51-54.

RICOEUR, Paul (1956). *Idées directrices pour une phénomenologie*. Paris: Gallimard.

ROGERS, Carl R. (1981). *Tornar-se pessoa*. 5. ed. São Paulo: Martins Fontes [Trad. Manuel José do Carmo Ferreira].

_____ (1977). *Psicoterapia e relações humanas*. Belo Horizonte: Interlivros.

_____ (1975). *Terapia centrada no cliente*. Lisboa/São Paulo: Moraes/Martins Fontes.

_____ (1971). *Liberdade para aprender*. Belo Horizonte: Interlivros [Trad. Edgard G. Matta Machado e Márcio Paulo de Andrade].

_____ (1964). "Em direção a uma ciência da pessoa". In: WANN, T.W. (org.). *Behaviorism and Phenomenology*: Contrasting Bases for Modern Psychology. Chicago: University of Chicago Press, p. 109-140 [Trad. Wobber Alvarenga].

_____ (s.d.). *Grupos de encontro*. Lisboa/São Paulo: Moraes/Martins Fontes.

ROGERS, Carl R.; GENDLIN, E.; KIESLER, D. & TRAUX, C.B. (1965). *The Therapeutic Relationship and its Impact*. Madison, Wise.: University of Wisconsin Press.

ROGERS, Carl R. & ROSENBERG, Rachel L. (1977). *A pessoa como centro*. São Paulo: EPU/E. da Universidade de S. Paulo.

5
A Psicanálise

5.1 O cenário: as origens de Sigmund Freud e as origens da Psicanálise

O que hoje se costuma denominar Psicanálise é um sistema complexo, intrincadamente conectado e inacabado, que reúne as contribuições de diversos teóricos, a maioria dos quais divergia, em um ou em vários pontos, do iniciador do sistema, Sigmund Freud.

O trabalho do Dr. Sigmund Freud, cuja origem está associada à Neurologia e à Psiquiatria, propõe uma concepção de personalidade que teve efeitos consideráveis na cultura ocidental. Divergindo violentamente de seus contemporâneos, Freud explorou aspectos que eram obscurecidos pela moral e pela filosofia vitorianas; veio apresentar uma maneira de se perceber o desenvolvimento normal e anormal, propondo uma nova abordagem para a compreensão e o tratamento da doença mental.

A contextualização do trabalho de Freud nos parece indispensável para a compreensão de suas ideias, que contestaram tabus culturais, religiosos, sociais e científicos.

Sigmund Freud nasceu a 6 de maio de 1856, na cidadezinha de Freiberg, na Morávia (hoje República Tcheca), filho do segundo casamento de um judeu que comerciava lã – Jacob Freud – e de Amalie Nathansohn. Pai de dois filhos do primeiro casamento; Jacob casou-se pela segunda vez aos 40 anos e já era avô quando nasceu Sigmund. Teve ainda cinco filhos e duas filhas deste casamento, só falecendo com mais de 80 anos. A mãe de Freud, cuja personalidade viva sempre foi uma característica, casou-se com menos de 20 anos e faleceu aos 95. Era proveniente de Brody, nordeste da Galícia, junto à fronteira russa. Viveu sua infância em Odessa e depois mudou-se para Viena; guardava lembranças da Revolução de 1848, a qual mudou significativamente os rumos da história austríaca, exercendo influência até sobre o período em que nasceu Freud.

No quadro sociohistórico-cultural em que emerge a Psicanálise devem ser levados em conta prioritariamente: o espaço físico de Viena e sua vida política e cultural; o fato de Freud ser judeu e os eventos que marcaram a vida deste povo no final do século XIX e no início do XX e, finalmente, o pensamento e a conduta dos intelectuais e especialmente da comunidade médica à época em que se esboçou a Psicanálise.

Sobre Viena, o berço da Psicanálise

Mezan (1985), no seu belíssimo trabalho, analisou exaustivamente as condições de surgimento da Psicanálise. Dada a simplicidade de nosso trabalho, contentamo-nos em fazer referência apenas aos aspectos que nos parecem mais importantes.

Freud nasceu em 1856, mas a compreensão do quadro político desta época exige que façamos um retrocesso até 1815. É nesta data que se dá a formação do Estado dos Habsburgo; no Congresso de Viena são fixadas suas fronteiras internacionais. Nesse Estado, reúnem-se alemães, húngaros, poloneses, tchecos, croatas, romenos e ucranianos que, sob o elemento integrador da dinastia reinante, procuram manter-se acima das querelas nacionais no século XIX. No Congresso de Viena se instalou o regime de Metternich, caracterizado pela reação política, isto é, a tentativa de preservar os privilégios da aristocracia e reprimir as aspirações de outros grupos sociais, desejosos de criar instituições políticas mais consentâneas com o advento do capitalismo industrial. Neste regime, o Estado ainda é dominado pelo feudalismo, mesmo sabendo-se que o capitalismo entrava lentamente no Império e a Revolução Industrial caminhava a passos largos.

A Revolução de 1848, fruto de uma política interior ultrapassada, numa época em que se faziam necessárias transformações nas estruturas sociais arcaicas, determinou o fim do regime de Metternich. Desencadeada em Viena, em março de 1848, a revolta ganhou a Hungria, a Boêmia e as províncias italianas. Os revolucionários solicitavam uma Constituição Liberal que na verdade jamais entrou em vigor. O regime conservador implantado a partir de 1849 impôs a formação de um Estado unitário e centralizado; o instrumento desta centralização foi a burocracia criada pelo Ministro do Interior Alexandre Bach que, através de uma organização racional dirigida com grande competência, transformou a Áustria num Estado moderno. Entretanto, o fato de a língua oficial da administração ser o alemão levou a acirrar-se a animosidade interétnica.

De modo geral, pode-se dizer que a reação aos acontecimentos de 1848 pode ser caracterizada como uma abertura econômica ao capitalismo, vinculada a uma rejeição pelos princípios políticos do liberalismo. A aristocracia, que investia seu capital na indústria e nos bancos, conservava seu domínio no setor político, conseguindo nomear membros para os postos de confiança do governo e do Exército. A burguesia, por sua vez, satisfeita com as reformas econômicas, abandonava as pretensões liberais que favoreciam as nascentes reivindicações operárias.

Esse período é marcado também pela forte influência da Igreja nas relações sociais, por meio da Concordata de 1855 com o Vaticano, que passou a exercer importante papel na "orientação espiritual" da Monarquia.

Havia uma contradição entre a estrutura política e a realidade do Império, e isto foi responsável por duas guerras: em 1859, contra a França e o Piemonte e, em 1866, contra a Prússia de Bismark. Assim, a corte de Viena resolveu voltar-se para os problemas internos. No início da década de 1860, o dilema era: hegemonia ou federalismo?

A solução federalista acabou se impondo em 1867 e com o *Ausgleich* (compromisso) com a Hungria. Conforme este acordo, o Império foi dividido em duas partes, limitadas pelo Rio Leitha: Cisleitânia, compreendendo a Áustria, Boêmia, Morávia e Galícia; e a Transleitânia, correspondendo à Hungria, Croácia, Transilvânia e Eslováquia. Cada parte seria autônoma em seus assuntos interiores e ao imperador caberia a esfera de política econômica, diplomacia e exército. O imperador da Áustria e o rei da Hungria eram a mesma pessoa, e isto fazia a união das duas partes. Em consequência do *Ausgleich*, a metade austríaca da Monarquia recebeu uma Constituição Liberal e instituições parlamentares, o que constituía, em parte, a realização dos objetivos de 1848. Coroado Francisco José em Budapeste, instalou-se o Império Austro-Húngaro, que subsistiu até 1918.

O lado austríaco do Império, cujo centro político era Viena, a partir de 1867 caminhou gradualmente para a crise. Do ponto de vista econômico, a especulação desenfreada que se seguiu ao compromisso com a Hungria resultou na crise de 1873, para a qual contribuíram os dividendos inflacionários distribuídos pelas sociedades bancárias, a carestia causada pelas encomendas feitas para a Exposição Universal de Viena, que pretendia repetir as exposições de Londres e Paris, as falências em série, principalmente das instituições financeiras que haviam efetuado especulações na Bolsa.

Mesmo após a retomada da expansão, alguns anos depois, a pequena burguesia e a classe operária não readquiriram a confiança nas virtudes do liberalismo e, em 1880, começaram a surgir os partidos de orientação antiliberal.

A crise favoreceu a concentração do capital e dos investimentos na Áustria; com isso, houve a pauperização crescente das massas trabalhadoras e o descontentamento da pequena burguesia. As diferenças sociais se expressavam também, em termos étnicos: a burguesia de Viena e Praga usava a língua alemã, enquanto os setores mais artesanais, o operariado e os setores menos influentes da economia eram constituídos de eslavos, ucranianos, poloneses.

Pode-se dizer que os vários gabinetes liberais que se sucederam, de 1867 a 1899, evidenciaram discernimento no tocante às liberdades públicas, à denúncia da Concordata, à reformulação do ensino e à emancipação dos judeus (fato que será evocado por Freud na interpretação dos sonhos), mas foram guiados por interesses de classe no que se refere à questão da nacionalidade e à nova questão social.

Do ponto de vista político, a classe operária desempenhou importante papel. Passou a exigir o reconhecimento de seus direitos, a fazer manifestações e, em 1879, obteve a legalização dos sindicatos; na década de 1880, obteve a regulamentação da jornada de trabalho, do emprego de mulheres e de crianças e um sistema de seguros e assistência social. Em 1888, os diferentes grupos políticos de tendência socialista se reuniram no Partido Social Democrata.

A última fase dos Habsburgo está compreendida entre 1880 e 1914, quando a Áustria se apresenta em seu aspecto definitivo – a estrutura do Estado não se altera mais depois do *Ausgleich*; a economia começa a expandir-se moderadamente; a política exterior é determinada pela aliança com a Alemanha de Bismarck e pela oposição à Rússia nos Bálcãs. Daí a designação dada ao período – Era de Segurança. Os direitos dos cidadãos eram votados no Parlamento e o Estado era o mantenedor supremo da estabilidade.

Enquanto o proletariado apoiava o Partido Social Democrata, a pequena burguesia, marginalizada no processo de industrialização, apoiava em massa o Partido Cristão Social, que pregava uma aliança com o campesinato e a Igreja Católica, então sensibilizada pelas encíclicas de Leão XIII.

A emancipação dos judeus, em 1869, abriu-lhes as portas da integração econômica e social; o antissemitismo, por sua vez, tentava recolocá-los no seu antigo lugar. O Partido Cristão Social, orientado por uma demagogia antissemita, elegeu Karl Lueger prefeito de Viena em 1896. No cargo ele permaneceu até sua morte em 1910 e talvez isto explique em parte o ódio de Freud por Viena, cidade na qual seus concidadãos valorizavam tanto o antissemitismo.

O terceiro partido político que surge em Viena é o dos pangermanistas, marcado pelo antissemitismo e pregando a dissolução da Monarquia e a união das populações de língua alemã ao Reich de Berlim. Os pangermanistas deram apoio incondicional à aliança militar com a Alemanha, a partir de 1879, e, através da imprensa, exerceram considerável influência sobre a juventude universitária de Viena e de Praga.

Viena era, no final do século XIX e início do século XX, o centro no qual coexistiam as diversas lutas políticas, os antagonismos no âmbito das nacionalidades e no da luta de classes. Embora seja a cabeça do Império, Viena, de acordo com o *Ausgleich*, não tinha mais o direito de interferir nos assuntos internos da Hungria. Enquanto em Praga o nacionalismo tcheco é responsável por um clima de luta, as classes se confrontam na Boêmia e, em Viena, tenta-se ignorar esta série de acontecimentos desagradáveis. O brilho desta capital, voltada para as ciências e as artes, tornava possível esta sensação de que as coisas correm bem.

O teatro desempenhou um lugar privilegiado na cultura vienense. A tradição teatral em Viena advém do período barroco e, já em 1820, a literatura austríaca se afirma pela via dramática. No Império dos Habsburgo, a música, a ópera, as artes decorativas passam a formar o núcleo da expressão artística e, graças à maneira pela qual a aristocracia dá importância a essas manifestações culturais, Haydn, Mozart e Beethoven dispuseram de um público atento e de orquestras e atores capazes de interpretá-los de forma adequada. Aos poucos, a música e a ópera transpõem os limites da aristocracia e começam a sensibilizar outras camadas sociais; toda Viena tornou-se preocupada em conhecer e participar do mundo das artes.

Diversamente do que ocorria em Paris, que desde a Revolução Francesa se mostrava aberta às inovações, especialmente as de caráter cultural, Viena se mostrava, no século XIX, provinciana e perdia o papel de metrópole desempenhado no século barroco. Havia em tudo uma recusa do novo, o que se evidencia no conservadorismo do gosto vienense. O público exigente e alerta se mostrava tão crítico às apresentações feitas no teatro e na ópera que perdia a oportunidade de lançar um novo estilo, de apreciar uma obra de arte que escapasse do convencional. Exigia-se perfeição extrema na interpretação, mas não se procurava inovar.

Viena se apresenta, à época em que nasceu e se formou Freud, como uma cidade de ilusão. A renovação urbana, feita por volta de 1850, fez surgir a enorme avenida circular – a Ringstrasse – na qual foram construídos os edifícios públicos e imóveis pertencentes à aristocracia ou à burguesia nascente, de modo a constituir mostra de prestígio e ostentação. Viena se apresentava, pois, como a "cidade dos talentos", "capital do luxo", local politicamente neutro, o que constituía apenas fachada.

Sobre a origem judaica de Freud

Em sua autobiografia (1925), Freud registrou que acreditava que a família de seu pai se havia fixado por longo período na Renânia (Colônia) e que, no século XIV ou XV, fugira para o leste, tentando escapar a uma perseguição antissemita. Já no século XIX, teria a família novamente se encaminhado para a Lituânia e, através da Galícia, chegado à Áustria germânica.

Durante certo período, Freud pesquisou as origens de sua família e, ligado a isto, o destino do povo judeu no Ocidente. Pessoalmente, as poucas certezas de Freud sobre seus ancestrais consistem em saber que seu bisavô paterno chamava-se Efraim Freud e seu avô Schlomo Freud; o último faleceu pouco antes de seu nascimento e, em homenagem a ele, foi que recebeu o nome judaico de Schlomo. Embora Freud fosse ateu, ele atribuiu um papel decisivo para a criação da Psicanálise ao fato de ser judeu, chegando a dizer, no discurso que pronunciou na Sociedade B'nei Brit, por ocasião de seu 70° aniversário:

"[...] Precisamente por ser judeu, encontrava-me livre de muitos preconceitos que dificultam a outros o uso de seu intelecto; como judeu estava preparado para colocar-me na oposição e para renunciar à concordância com a maioria compacta".

Por isto, fazemos uma breve digressão sobre o povo judeu. Para isto recorremos ao trabalho de Kurt Lewin, que dedicou boa parte de suas pesquisas à análise da vida destes seres humanos que, apenas por pertencerem a um determinado grupo étnico, vivem em constante insegurança e dependem das variações do clima político das comunidades em que tentam se integrar.

Emigrado para os Estados Unidos, Lewin mostrava-se traumatizado pelas discriminações, injustiças, ostracismo e humilhações aos quais ele e outros judeus foram submetidos nos últimos meses vividos na Alemanha.

Lewin percebia uma diferença entre o sentido demográfico e o sentido psicológico do termo minoria. Maiorias psicológicas são grupos que dispõem de estruturas, de um estatuto e de direitos que lhes permitam autodeterminar-se no plano do seu destino coletivo, independentemente do número ou percentagem de seus membros. Por outro lado, um grupo se caracteriza como minoria psicológica desde que seu destino coletivo dependa da boa vontade de um outro grupo. Este grupo, mais ou menos conscientemente, se percebe como menor, sob tutela, isto é, não possuindo um estatuto que lhes permite optar ou orientar-se em sentido mais favorável a seu futuro.

Num estudo publicado em 1939 – *When Facing Danger* –, Lewin aborda a possibilidade de sobrevivência das minorias judias no Ocidente. Estudos sociológicos mostravam que, em todas as guerras europeias dos últimos séculos, os judeus tiveram que lutar e morrer por seu país de adoção, fossem eles franceses, espanhóis ou ingleses. Embora não tenham sido poupados nos combates, os judeus foram, por sucessivas vezes, escolhidos para sofrerem maus-tratos. A mais forte perseguição ocorreu a partir do nazismo, quando os jornais passaram a sugerir que batalhões judeus deveriam ser enviados aos pontos mais perigosos do front. Isto ocorreu de fato na Itália, Hungria, Polônia e outros países conquistados pelos nazistas.

Lewin observou também que tanto o fascismo quanto o nazismo reconstituíram guetos para os judeus. Na verdade, as minorias judias não foram reconhecidas como seres humanos na Europa Ocidental, senão a partir das revoluções francesa e americana, que os consideraram iguais em direitos e privilégios. Conclui-se que os regimes políticos que perseguiram os judeus nos últimos anos tentaram fazer valer a teoria da inferioridade de certas raças e de superioridade da raça que dominava tais regimes.

Para realçar o caráter social do problema dos judeus, Lewin lembra que, no momento de anexação da Áustria, os judeus foram metralhados pelo simples fato de serem judeus sem nenhuma outra consideração; isto é, por si, uma evidência de serem eles uma minoria discriminada, não privilegiada, em dado momento transformada em bode expiatório. Ele associou também as ondas de antissemitismo que se manifestam no mundo com o incômodo que pode ser causado pelo sucesso dos judeus tanto na área intelectual quanto profissional. Não há uma relação entre o componente delinquente de alguns judeus e a manifestação do antissemitismo; logo, as explicações para a rejeição devem ser buscadas fora das acusações a um ou outro judeu isoladamente.

Em outro estudo – *Self-Hatred Among Jews* –, Lewin trata dos mecanismos de autodepreciação observáveis nos grupos de judeus. Ele começa por referir-se a dois livros, ambos de 1930 – *O ódio de si entre os judeus*, em que Lessing faz uma análise do ponto de vista da psicopatologia, e *Island Within*, romance americano de Ludwig Levisohn, que analisa a solidão do grupo de judeus na comunidade de Nova York. Esses dois autores se basearam em Freud, recorrendo à sua tese para explicar as neuroses de fracasso, postulando a existência de um instinto de morte que coexiste com um instinto de vida e o supera, às vezes.

Lewin rejeita esta tese baseada na natureza e prefere admitir que o ódio de si aparece nos judeus e em outras minorias discriminadas. Um judeu tem ambições, alimenta planos e depois descobre que sua participação no grupo judeu constitui entrave à realização de seus projetos. Ele começa, então, a perceber seu grupo como fonte de frustração e passa a odiá-lo; em seguida, chega à conclusão de que seu destino corre o risco de ser comprometido por causa de sua participação no grupo judeu e começa, em consequência, a rejeitar a interdependência de seu destino e do destino dessa minoria.

Não se trata, pois, de um ódio patológico, pois ele ocorre também em pessoas normais. Por um lado, o único meio de não ceder ao ódio de si é intensificar as tendências de coesão e atração pela causa judia.

Lewin produziu, ainda, um estudo publicado em 1943, sob o título *Cultural Reconstruction*, no qual ele analisa a origem das minorias, sua constituição e fala sobre o futuro delas. Ele conclui que só a independência em relação às maiorias tornará possível a sobrevivência dos grupos minoritários. A integração com ou a assimilação à maioria não permitirão que se conserve a identidade étnica.

A referência aos estudos de Lewin sobre as minorias judias provavelmente nos ajudará a compreender o fato de Freud ter estudado Medicina, que era um dos poucos campos reservado, na sua época, aos jovens judeus; o fato de ele e outros componentes de seu grupo étnico terem dispendido tantos esforços para sobressaírem em seu trabalho; o fato de sua vida de homem estudioso ter corrido à parte da vida acadêmica universitária da Áustria.

É importante também realçar a situação em que se encontravam os judeus no Império Austro-Húngaro à época em que Freud nasceu e se formou. A concessão de direitos civis e políticos aos judeus foi fruto de uma luta que se prolongou por quase 70 anos nos territórios de língua alemã. Esta emancipação foi, no século XVIII, várias vezes concedida e revogada. Após as guerras napoleônicas, surgiu na Europa o intelectual judeu de língua alemã, o qual, para ser aceito na sociedade europeia, tinha de ser batizado.

A Revolução de 1848 também não conseguiu a emancipação judaica em nenhum dos territórios da Confederação Germânica. Entretanto, massas populacionais de judeus se deslocaram do campo e enriqueceram através do comércio; alguns chegaram a comprar títulos de nobreza e até a fazer parte da vida econômica e cultural da monarquia.

Só em 1869 é decretada a emancipação dos judeus; é-lhes assegurada igualdade de oportunidades nas profissões liberais e na educação universitária. Logo, se Freud tivesse nascido alguns anos antes, não poderia ter frequentado a universidade e, mesmo na época em que o fez, enfrentou manifestações de antissemitismo.

O antissemitismo de fato existia na Europa e esteve bem presente ao longo da vida de Freud. As vivências ligadas ao judaísmo se manifestavam na música e nas artes e encontravam a oposição antissemita do público. Os judeus que dependiam da boa vontade do Estado, como é o caso dos professores universitários e funcionários da administração, encontravam, com frequência, obstáculo a seu avanço na hierarquia. O intelectual judeu era uma minoria, já que a grande maioria era constituída de pequenos burgueses voltados para o comércio.

O antissemitismo se manifestava de várias formas: artistas eram impedidos de ter acesso a cargos de prestígio – Gustav Mahler teve de ser batizado em 1897 para assumir o cargo de diretor; cientistas dificilmente eram nomeados para postos de destaque – este é o caso de Freud; e, mesmo promovendo o desenvolvimento das artes e ciências, os judeus a custo obtinham aceitação social e eram frequentemente lembrados de que não passavam de estrangeiros tolerados.

Apesar de toda oposição que lhe era feita, o povo judeu usufruiu de um fato positivo: mesmo enfrentando a sociedade hostil, estabeleceu uma relação intracomunitária forte, soldada por muitos séculos de convivência e por uma energia inédita para o combate.

David Bakan afirma que a Psicanálise constitui uma laicização do misticismo judaico. O interesse pelos sonhos, a importância atribuída à bissexualidade, certas técnicas de linguagem que lembram a associação livre permitem que se estabeleça uma aproximação entre o cabalismo e a Psicanálise; isto se deve, por certo, às origens hassídicas da família de Freud.

A leitura precoce da Bíblia também exerceu significativa influência sobre a obra de Freud. É nítida sua identificação com José (que, como ele, era perito em interpretar sonhos), com Jacó (levado ao exílio na velhice) e com Moisés. Embora o espírito de Freud tenha sido influenciado pela Bíblia, ele muito cedo abandonou os rituais do judaísmo.

Acresce a tudo isto a influência exercida sobre Freud por Samuel Hammerschlag, professor judeu a que Jacob confiou a educação religiosa do filho. A admiração de Freud por este homem persistirá até a idade madura e marcará sua convivência com os judeus e o judaísmo.

Sobre a conduta dos intelectuais contemporâneos de Freud

O período compreendido entre 1848 e 1916 constitui a fase do reinado de Francisco I; entretanto, só a partir de 1890 tem lugar a época de brilhantismo cultural da capital austríaca. Era este também o período de decadência da monarquia austro-húngara e os que nele viveram experimentaram a certeza de estarem vivendo em período excepcional, aliada à percepção de que não duraria muito.

Mezan (1985) divide os intelectuais que viveram neste período em três grupos, conforme a cronologia de seu nascimento. O primeiro grupo é formado por aqueles que nasceram ao redor de 1860 e cuja formação tem lugar numa atmosfera "vazia de valores" das décadas de 1870 e 1880: Sigmund Freud (1856-1939); Victor Adler (1852-1918), que se tornou líder do Partido Social Democrata; Gustav Mahler (1860-1911);. Gustav Klimt, chefe da vanguarda modernista, e Arthur Schnitzler (1862-1931), escritor de dramas e novelas que refletiam a Viena da Belle Èpoque. O segundo grupo reúne os nascidos entre 1870 e 1875 e sua produção vai de 1890 aos anos de 1930 do século do XX; aqui se incluem o arquiteto Adolf Loos (1870-1933) e o mais importante poeta e dramaturgo do período, Hugo von Hofmannsthal (1874-1929). O terceiro grupo, por sua vez, é nascido entre 1880 e 1890 e viveu a juventude pouco antes da Primeira Guerra Mundial; logo, sua atividade já se situa no século XX. Vale citar: Stefan Zweig (1881-1942), escritor, o filósofo Ludwig Wittgenstein (1889-1951) e o pintor expressionista Egon Schiele (1890-1918).

Embora o surgimento da Psicanálise seja contemporâneo de um intenso movimento cultural, convém lembrar que ele independe deste movimento. Após um estágio em Paris, onde conviveu com Charcot, Freud regressou a Viena em 1886, muito interessado no estudo das neuroses e nenhum dos movimentos da música ou da intelectualidade, de modo geral, havia tido início.

Antes da década de 1930, apenas um escritor famoso da época – Hermann Hesse – submeteu-se à análise com Jung. Já Kraus, Musil e Wittgenstein faziam sérias restrições à Psicanálise.

Diversamente de seus contemporâneos, Freud manteve um isolamento em relação aos outros intelectuais. Breuer foi médico de Franz Brentano; Victor Adler foi, como Freud, assistente na clínica psiquiátrica de Meynert, mas Freud evitou os vínculos de amizade com eles, embora fosse fácil fazê-lo. Era comum, devido a esta facilidade de contatos, as pessoas se interessarem por assuntos diversos e terem uma formação pluridisciplinar. O próprio Freud interessou-se por Filosofia, hesitou entre Direito e Medicina e mais tarde confessou a Fliess, seu incomparável amigo, que sonhou criar uma disciplina na qual pudesse reunir seus conhecimentos de psicologia, religião, arte, literatura e sociologia.

Outra característica que separou Freud de seus contemporâneos foi sua indiferença face às querelas políticas que agitavam Viena. Nem a questão das nacionalidades, que atingiu seu auge entre 1893 e 1908, nem o movimento operário, que em 1889 culminou com a reunião dos diversos grupos socialistas num só partido, contaram com o envolvimento de Freud.

Em suma, Freud não se envolveu com o mundo artístico e procurou comportar-se exclusivamente como um cientista isolado; evitou o ambiente brilhante de Viena e se debateu com uma penúria econômica que persistiu ao longo de sua vida; não procedeu como um vienense, mas como judeu. É, pois, marcado por estes traços – a ciência, a pobreza e o judaísmo – que Freud construiu seu sistema de maneira absolutamente singular.

Pode-se afirmar que, apesar de seu isolamento, Freud desenvolveu a Psicanálise nas tramas de sua amizade pelo médico judeu Wilhelm Fliess, a quem foi apresentado por Breuer, em 1897. Iniciaram, então, uma longa correspondência, através da qual Freud foi estabelecendo os fundamentos da Psicanálise e, aos poucos, fazendo a transição do terreno da Neurologia para o da Psicologia (depois Psicanálise). Ao contrário de Breuer, Fliess aceitava a origem sexual das neuroses e incentivou Freud a desenvolver sua teoria.

5.2 Freud e a obra

A formação acadêmica de Freud foi feita na Escola de Medicina da Universidade de Viena e, logo após a conclusão do curso, ele se dedicou à filosofia e à neuropatologia, sendo que nesta última área desenvolveu pesquisas sobre a paralisia cerebral, com vistas ao esclarecimento das afasias.

Em Paris, Freud realizou um estágio com o neurologista Jean Charcot (1825-1893) e, graças à influência deste e de Joseph Breuer (1842-1925), passou a interessar-se pelo caráter psicológico das neuroses. Charcot, percebendo a base psicológica da histeria, usou para tratá-la o hipnotismo, criando uma postura de vanguarda.

A partir destes estudos, Freud passou a trabalhar em colaboração com Breuer e, em 1895, publicou os *Estudos sobre a histeria*, obra em que os dois autores afirmam que os sintomas histéricos são resíduos de ocorrências traumáticas, nas quais um processo afetivo desviado da elaboração consciente normal é dirigido para inervações somáticas. Afirmam ainda que, através da hipnose, a revivescência dos fatos traumáticos descarrega tal afeto; é o que se chamou de catarse.

Breuer discordou de Freud, contudo, sobre a origem sexual das neuroses e os dois se separaram. Aos poucos, Freud concluiu que o uso da hipnose estabelecia uma relação de dependência entre o médico e o paciente, e a melhora era pouco duradoura; assim, passou a usar a livre associação, através da qual se conseguia trazer à tona o trauma responsável pela perturbação nervosa do paciente. Empregando este método, Freud chegou à conclusão de que os impulsos sexuais reprimidos na infância é que levam às perturbações neuróticas. O resultado de tais investigações está contido em seu trabalho *Três ensaios sobre sexualidade*, publicado em 1905, onde trata separadamente: As aberrações sexuais; A sexualidade infantil e As transformações da puberdade.

Em *Interpretação de sonhos*, publicada em 1900, Freud estabeleceu um paralelo entre o conteúdo manifesto e o sentido oculto ou latente de nossos sonhos, recorrendo, para isto, ao inconsciente enquanto fonte de informações acumuladas. Também abordando as manifestações inconscientes, Freud escreveu *Psicopatologia da vida cotidiana*, onde fez várias referências aos atos falhos. Essas duas obras apresentam o que se chamou de ponto de vista tópico, e nelas se tratam as três instâncias da personalidade: consciente, pré-consciente e inconsciente. O ponto de vista estrutural foi tratado em *O Ego e o Id* (1923).

A partir de 1907, Eugen Bleuler (1857-1939) e Carl Gustav Jung (1875-1961) de Zurique passaram a dedicar-se à Psicanálise. No ano seguinte, realizou-se o 1° Congresso Internacional de Psicanálise, em Salzburg. Em 1909, Freud e Jung proferiram as célebres conferências na Universidade de Clark (Worcester, Massachusetts). Ao mesmo tempo que este evento marca a expansão do movimento psicanalítico nos Estados Unidos, assinala também o início do rompimento entre Freud e Jung.

Em 1910, foi publicado o texto Cinco lições de Psicanálise, obra em que Freud reuniu as conferências pronunciadas por ocasião das comemorações do 20° aniversário da Clark University, em setembro de 1909. O caso Schreber, relato autobiográfico de um caso de paranoia, foi publicado em 1911, época em que também foram publicados vários artigos sobre a técnica psicanalítica, tais como: o manejo da interpretação dos sonhos, o tratamento psicanalítico, recomendações aos médicos que exercem a psicanálise.

Totem e tabu, publicado em 1912/1913, é uma obra na qual o autor realizou uma análise antropológica das religiões primitivas e tentou relacionar os eventos místicos às neuroses com as quais lidava. Na 1ª seção, ele tratou do tabu do incesto nas tribos primitivas e comparou-o às complicadas fobias e sintomas através dos quais ele se apresenta entre os neuróticos; na 2ª seção, ele tratou do tabu e da ambivalência de sentimentos; nesta parte ele admitiu que as neuroses apresentam semelhanças com produções no campo da Arte, Religião e Filosofia; no 3° ensaio, ele abordou o Animismo, a Magia e Onipotência dos pensamentos. A 4ª seção, considerada a mais importante, trata do Retorno infantil do totemismo; Freud examinou diversas explicações sobre o totemismo e concluiu que existe uma relação entre o totem, amado e temido pela tribo e a figura do pai, que causa na criança os dois sentimentos opostos.

Na parte final do livro, ele acabou por comentar que os começos da religião, da moralidade, da vida social e da arte convergem para o complexo de Édipo.

Em 1914, algumas dissensões de discípulos de Freud já haviam ocorrido – Adler, Wilhelm Steckel e o mais importante deles, Carl Gustav Jung. Este, em abril de 1914, exonerou-se da presidência da Associação Psicanalítica. Nesta ocasião, os psicólogos começaram a divulgar a existência de várias escolas psicanalíticas em conflito e Freud se viu obrigado a defender o título de sua obra História do movimento psicanalítico, publicada em fevereiro de 1914, afirmando que a Psicanálise tinha características metodológicas e teóricas que a distinguiam de outros ramos da Psicologia.

Em seu sexagésimo ano de vida, Freud se sentia próximo da morte e anunciou a Jung que pretendia lançar uma obra-síntese, cujo título estaria ligado ao termo Metapsicologia. Começou a redigir este trabalho em março de 1915. Os dois primeiros ensaios foram Os instintos e suas vicissitudes e Repressão; seguiram-se O inconsciente, Suplemento metapsicológico à teoria dos sonhos e Luto e melancolia. Esses cinco ensaios são considerados os mais profundos e importantes de toda a obra de Freud.

Em 1915, Freud publicou a 1ª parte das suas Lições introdutórias. Sua situação financeira era precária e, mesmo tendo, no início do ano de 1916, alguns poucos clientes, o que ganhava não era suficiente para fazer face às despesas. Apesar disso, em 1917, ele concluiu as Lições introdutórias e ainda escreveu um artigo sobre Goethe e o ensaio antropológico O tabu da virgindade.

Os anos de guerra deixaram em Freud uma angústia intensa. Sua doença se agravava e parecia não haver nada a esperar. Em 1918, ele escreveu Para além do princípio do prazer, um ensaio sobre o qual pesa muito a depressão pela morte da filha. Freud fez, então, referência à relação vida e morte e, de maneira filosófica e especulativa, lançou o conceito de "instinto de morte". Ele acreditava que a Grande Guerra havia sido a oportunidade para se assistir a um espetáculo de agressão e brutalidade, confirmando a existência de um instinto primário, agressivo ou destrutivo, que ele já anunciava em 1915 e agora o incluía entre os instintos do ego.

A ideia de Freud passou a ser, então, de que os instintos de vida ou sexuais, em sua luta contra a morte e para dar à vida um pouco mais de duração, desviam a tendência autodestruidora em direção a outras pessoas, de modo similar ao governante que desvia impulsos de rebelião, instigando a guerra contra inimigos estrangeiros. Ele fechava, assim, o círculo de suas concepções dinâmicas a respeito do funcionamento mental. Em seu livro O ego e o id passou a admitir tacitamente tais conclusões.

Apesar de suas previsões, o período que sucedeu à guerra trouxe melhorias para Freud; alunos vinham da América e da Inglaterra e a clínica era muito procurada. Dentro da mesma irrupção de produtividade que o levou a escrever *Para além do princípio do prazer*, Freud redigiu, entre 1919 e 1921, *Psicologia de grupo e análise do ego*.

O ano de 1923 foi dos mais críticos para Freud. A doença mortal que o atingia causava incontáveis sofrimentos e os discípulos tinham grandes desentendimentos. Apesar disso, Freud escreveu vários artigos. Dois ensaios publicados neste ano haviam sido escritos no ano anterior: *Observações sobre a teoria e a prática da interpretação dos sonhos* e *Uma neurose demonológica do século XIX*. O trabalho mais importante, contudo, foi *A organização genital infantil da libido*.

Em 1924, as maiores preocupações de Freud giraram em torno das críticas feitas a Otto Rank e Ferenczi por Abraham. Neste ano, Freud escreveu um pequeno relato sobre a Psicanálise, em parte autobiográfico, para a Enciclopédia Britânica.

A produção mais importante de 1925 foi a *Autobiografia de Freud*, contendo um relato de sua carreira científica e o desenvolvimento de suas ideias. Em fevereiro de 1926, apareceu a obra *Inibições, sintomas e ansiedade*, a contribuição clínica mais importante após a guerra. Trata-se de um estudo de vários problemas relacionados à angústia. Em junho, Freud começou a escrever *O problema da análise leiga*, com base nas discussões que o assunto então provocava.

Neste momento, Freud se entusiasmava com a entrada no campo terapêutico de pessoas vindas de áreas não médicas e almejava para os noviços da Psicanálise uma educação mais ampla, que incluísse Anatomia, Fisiologia e Patologia, Biologia, Embriologia, Mitologia e Psicologia das Religiões e os clássicos da literatura.

Nos últimos anos de sua vida, depois de ter estendido a Psicanálise dos fenômenos patológicos à vida psíquica normal, Freud pretendeu uma abordagem macro, que lhe permitisse ultrapassar a perspectiva individual e assumir a perspectiva social. Nessa linha de investigação, foram publicados *O futuro de uma ilusão*, em 1927, *Moisés e o monoteísmo*, entre 1934/1938 e *O mal-estar da civilização*, escrito em 1929.

O futuro de uma ilusão constitui uma verdadeira autoconfissão de Freud sobre suas crenças religiosas, mas ultrapassa este objetivo e faz considerações sobre o papel repressor da religião e da cultura. A última contribuição de Freud à Psicologia da literatura também aconteceu neste ano e foi um longo ensaio, *Dostoievsk e o parricídio*; é uma introdução psicológica para um livro que Eckstein e Müller estavam preparando sobre *Os irmãos Karamazov*.

Em 1929, Freud retomou sua atividade criadora ao escrever *O mal-estar da civilização*, obra que em um ano teve vendidos 12.000 exemplares. Trata da cultura, da consciência de culpa, da felicidade humana e do impedimento a ela. Esta obra oferece a visão mais completa das opiniões de Freud no campo da Sociologia, por ele considerado apenas uma Psicologia Aplicada. Nas palavras do autor, o foco principal do livro era sua "intenção de representar o sentimento de culpa como o mais importante problema na evolução da cultura, e dar a entender que o preço do progresso no seio da civilização é pago pela privação da felicidade através da intensificação do sentimento de culpa". Apesar de haver uma preocupação de Freud em realizar uma abordagem social, o salto qualitativo não chegou a ser dado e suas considerações sobre o futuro da sociedade ficaram muito presas à ideia de felicidade individual: "Podemos esperar que ao longo dos anos mudanças serão realizadas no seio de nossa civilização, a fim de que ela se torne mais satisfatória às nossas necessidades e não se mostre digna de nossas queixas. Mas talvez devamos também nos acostumar à ideia de que há determinadas dificuldades inerentes à própria natureza da cultura, que não cederão aos esforços de reformá-la".

Em janeiro de 1931, Freud experimentou a grande satisfação de ser convidado a proferir a conferência anual na Universidade de Londres, mas, devido às condições de sua saúde, não pôde comparecer.

Nos anos seguintes, as sucessivas operações a que Freud se submeteu tornaram-no cada vez mais frágil. O reconhecimento de seu valor e as homenagens prestadas se sucediam. Por outro lado, analistas judeus se retiravam da Alemanha devido à perseguição nazista, e isto representava o fim da Psicanálise no país.

Em janeiro de 1935, Freud escreveu a Lou Salome um relato de suas ideias sobre Moisés e a religião. Estas iriam culminar no seu último livro, Moisés e o monoteísmo, que trata de suas mais amadurecidas considerações sobre a religiosidade.

Em março de 1938, a Áustria foi invadida pelos nazistas e Freud teve de deixar a pátria e refugiar-se em Londres, apesar de toda sua relutância em deixar Viena. Entretanto, as perseguições aumentavam o risco de permanência e sua filha e seguidora, Anna Freud, foi presa e interrogada pela Gestapo. Este fato venceu a resistência de Freud, que acabou deixando Viena e se estabelecendo em Londres, onde foi muito bem recebido.

Um trabalho de Freud – Um esboço de Psicanálise – escrito nesta última fase de sua vida, não chegou a ser completado. Outro, escrito durante o período de Natal de 1937 – Divisão do ego no processo de defesa –, só apareceu um ano após sua morte.

O estado de saúde de Freud já requeria, neste momento, atenções muito especiais. Apesar de tudo, seus biógrafos se referem à sua resignação e aceitação do sofrimento. No dia 22 de setembro de 1939, Freud recebeu uma pequena dose de morfina, que foi suficiente para que ele repousasse e não mais abrisse os olhos para a vida. Seu corpo foi cremado em Golder's Creen, na presença de muitos amigos.

5.3 Visão crítica

A Psicologia é, em certo sentido, uma ciência muito antiga. Desde que a linguagem passou a usar símbolos para expressar emoções e outros estados mentais, o homem foi elevando o nível de sua autoconsciência, o que constitui, sem dúvida, uma das mais significativas manifestações de progresso.

No passado, os poetas criavam personagens e personificavam traços que seus leitores começaram a apreender e identificar como existentes em si mesmos ou nas pessoas que os rodeavam. A caracterização dos personagens de Shakespeare é um exemplo vivo de precursor da Psicologia. Os filósofos também antecederam os estudos psicológicos, focalizando mais o aspecto intelectual do que o emocional e inconsciente e a eles devemos grande parte do conhecimento de como formamos a nossa representação do mundo.

No século XX, o desenvolvimento da ciência psicológica permitiu-nos analisar como se dá a construção de modelo do mundo pelas pessoas e dois métodos nos permitem o alcance deste conhecimento: a observação direta das crianças e a psicanálise de crianças e de adultos. Esses caminhos se devem à contribuição dos dois teóricos mais importantes da Psicologia: Jean Piaget, que usou a observação direta, e Sigmund Freud, que criou a Psicanálise.

Ao afirmar a existência da sexualidade na infância e reconhecer os processos inconscientes, propondo uma técnica especializada para sua exploração, Freud entrou em contradição com a ética, os costumes e a própria Psicologia. Sua façanha é, pois, ter sido divergente de todo o saber instituído até então. O historiador futuro bem poderá encarar a obra de Freud como sinal de uma mudança decisiva no ritmo do progresso humano.

A obstinação com a qual Freud defendeu seu ponto de vista, a energia com a qual refutou qualquer crítica às suas colocações se explicam, provavelmente, pela grande dificuldade que teve a Psicanálise de fazer valer suas afirmações, já que de um lado elas chocavam a moral vitoriana da época e de outro não era fácil prová-las empiricamente.

Nesta última metade do século XX, tem-se discutido incansavelmente a questão das relações entre a Psicanálise e o marxismo. Parece-me oportuno, por isto, registrar a posição que se consolidou na literatura marxista francesa: "o mérito histórico de Freud é o de ter sido o primeiro a considerar a sexualidade e, por este caminho, os tabus sociais e os preconceitos ideológicos como objeto da ciência, e o de haver começado seu estudo tornando manifesto um certo número de fenômenos abordados através de uma prática fecunda. Mas, ao mesmo tempo, esse grande desbravador permaneceu prisioneiro das ideologias dominantes na sua época no que diz respeito às concepções mais essenciais relativas ao indivíduo, à sociedade e às suas relações, e estas ideologias marcaram profundamente uma prática psicanalítica enraizada nas relações sociais burguesas, deformaram até o alicerce de suas construções teóricas e abortaram a tentativa científica em seu conjunto, reduzindo, por fim, a Psicanálise à condição de ideologia reacionária. Eis por que toda tentativa de chegar a uma síntese entre psicanálise e marxismo dá lugar a um ecletismo dos mais medíocres e, com mais razão ainda, todo freudo-marxismo termina em mistificação".

A citação acima é feita por Lucien Séve, no início do ensaio *Psicanálise e materialismo histórico*, um dos três que compõem o livro *Pour une critique marxiste de la theorie psycanalitique*.

Segundo este autor, Politzer foi quem mais contribuiu para o surgimento desta posição. Após um longo período dedicado à avaliação das contribuições da Psicanálise, em 1939, Politzer afirmou que o freudismo havia fracassado porque "Freud e seus discípulos jamais chegaram a uma compreensão clara das relações entre o indivíduo, a lei psicológica individual e a lei histórica".

A mais importante crítica feita pelos marxistas à Psicanálise era a de permanecer prisioneira de uma ideologia de classe e de uma concepção idealista das relações indivíduo/sociedade. De certa forma, eles retomam a observação de Politzer, de que a Psicanálise "procura explicar a História através da Psicologia e não a Psicologia através da História". De acordo com esses mesmos críticos, a técnica analítica só oferece ao paciente uma libertação artificial num mundo imaginário; logo, o conservadorismo social encontra nela uma arma ideológica.

As obras de Freud que fazem referência ao social – *Totem e tabu, O futuro de uma ilusão, O mal-estar da civilização* – evidenciam uma psicologização da realidade social. Ele sugere que a História seja identificada a uma biografia individual; a "infância da humanidade" seria literalmente uma infância no sentido edipiano da palavra, cujos traços teriam sido conservados no conjunto dos indivíduos por hereditariedade psicológica, embora esta noção não encontre sua justificativa em genética nem em psicologia.

Esta concepção idealista da sociedade, presente na obra de Freud, é responsável pela crítica à Psicanálise formulada por Politzer e vários outros comunistas.

Entretanto, para discorrer atualmente sobre as relações da Psicanálise com marxismo, não se pode apenas reproduzir estas críticas, pois a capacidade de autocrítica e aprofundamento da

Psicanálise tem permitido aos seus teóricos uma revisão de pontos de vista. Além disso, os últimos 20 anos têm permitido a percepção de alguns erros e deformações do marxismo. A prática, associada ao debate de ideias, tem evidenciado o quanto é difícil elucidar a dialética das relações entre ciência e ideologia; na realidade, a utilização conservadora das teses centrais de Freud não é contingente e puramente externa, mas, ao contrário, íntima e difícil de ser rompida.

Uma parte essencial da Psicanálise, tal como ela existe até hoje, contraria inteiramente a posição marxista; logo, o paralelo Marx-Freud é confusionista a respeito da obra de Freud e do próprio materialismo dialético.

A utilidade das duas contribuições científicas – Psicanálise e marxismo – é inegável. Isto não quer dizer que uma seja redutível à outra, mas que o debate teórico e a experiência de luta possibilitem o esclarecimento das relações possíveis entre elas. A história não encontra sua explicação mais profunda no psiquismo dos indivíduos, mas na dialética das relações de produção que a constituem; entretanto, esta dialética, para tornar-se luta de classes, motor da história, deve passar pelos indivíduos concretos e estes são, em última instância, os "seres do desejo" da Psicanálise.

5.4 Aplicabilidade à educação

Uma análise da obra de Freud nos remete, algumas vezes, à palavra "educação", embora ele não tenha efetuado formulações diretas sobre o tema. Em seu *Estudo autobiográfico*, ele diz: "Não contribuí com coisa alguma para a aplicação da Psicanálise à educação, mas é compreensível que as investigações da vida sexual das crianças e de seu desenvolvimento psicológico tenham atraído a atenção de educadores e lhes mostrado seu trabalho sob uma nova luz".

Foi na fase final de sua produção científica, quando se voltou para o social, que Freud fez referências à educação numa abordagem macro. Em *O futuro de uma ilusão*, ele mostrou o papel repressor da religião e da cultura e apontou a educação como o recurso através do qual esta repressão se efetiva. Em *O mal-estar da civilização* seu posicionamento se torna ainda mais claro:

"Vamos tornar claro para nós mesmos qual a primeira tarefa da educação. A criança deve aprender a controlar seus instintos. É impossível conceder-lhe liberdade de pôr em prática todos os seus impulsos sem restrições. [...] Por conseguinte, a educação deve inibir, proibir e suprimir [...]".

Freud anunciou, contudo, uma nova possibilidade para a educação na perspectiva psicanalítica: "Tem-se afirmado [...] que toda educação possui um objetivo tendencioso, que ela se esforça por fazer a criança alinhar-se conforme a ordem estabelecida da sociedade, sem considerar qual o valor ou qual o fundamento dessa ordem como tal.

[...] à educação segundo uma linha psicanalítica [...] deve-se dar finalidades outras e mais elevadas, isentas das exigências reinantes na sociedade" (FREUD, S. *Obras completas*, vol. XXIII, p. 184).

A obra de Freud voltou-se dominantemente para a terapia. Ao estabelecer analogia com a educação, ele diz: "A educação e a terapêutica acham-se em relação atribuível uma com a outra. A educação procura garantir que algumas das disposições (inatas) da criança não causem qualquer prejuízo ao indivíduo ou à sociedade. A terapêutica entra em ação se essas mesmas disposições já conduziram ao resultado não desejado dos sintomas patológicos [...] A educação constitui uma profilaxia, que se destina a prevenir [...] tanto a neurose quanto a perversão; a psicoterapia procura desfazer o menos estável dos dois resultados e instituir uma espécie de pós-educação.

[...] Sob determinado aspecto isolado, a responsabilidade de um educador pode, talvez, exceder a de um médico. Este tem como regra lidar com estruturas psíquicas que já se tornaram rígidas [...] O educador, contudo, trabalha com um material que é plástico, aberto a toda impressão e tem de observar perante si mesmo a obrigação de não moldar a jovem mente de acordo com suas próprias ideias pessoais, mas antes segundo as disposições e possibilidades do educando" (*Obras completas*, vol. XII, p. 416 e 417).

Mesmo sem que Freud tenha tido a intenção de apresentar uma proposta de educação, a Psicanálise influenciou grandemente o pensamento educacional, não essencialmente através da aplicação direta de suas teorias ao ensino, mas devido ao fato de ela efetuar um estudo do desenvolvimento dos seres humanos, de suas forças interiores, de suas inter-relações. Desta maneira, a Psicanálise pôde clarificar a compreensão dos processos de aprendizagem e ensino.

Referindo-se à importância da relação professor-aluno no processo de aprendizagem, num artigo intitulado "Algumas reflexões sobre a psicologia do escolar", escrito por ocasião do quinquagésimo aniversário de sua antiga escola, Freud disse: "É árduo decidir se o que nos afetou mais e foi de maior importância foi nosso interesse pelas ciências que eram ensinadas ou pelas personalidades de nossos professores. É verdade, pelo menos, que este segundo interesse constituiu uma perpétua corrente oculta em todos nós e, em muitos de nós, o caminho às ciências passava apenas através de nossos professores".

Neste mesmo artigo, Freud falou das emoções conflitantes que ele e seus colegas experimentavam em relação aos professores: o intenso ódio a alternar-se com o amor; a procura das fraquezas dos professores e, simultaneamente, seu orgulho em descobrir que eles tinham boas qualidades e grande conhecimento.

Implícito nesta fala está o caráter transferencial da relação pedagógica, ao qual Freud faz outras referências, como:

"Na 2ª metade da infância, dá-se uma mudança na relação do menino com o pai [...] o menino começa a vislumbrar o mundo exterior e não pode deixar de fazer descobertas que solapam a alta opinião original que tinha sobre o pai e que apressam o desligamento do seu primeiro ideal. É nessa fase do desenvolvimento de um jovem que ele entra em contato com os professores [...] estes homens [...] tornaram-se nossos pais substitutos" (*Obras completas*, vol. XIII, p. 288).

É sabido que a criança reage ao professor como um substituto paterno. Como o professor não reage com a emoção própria dos pais, é possível atender à criança de maneira diferente, capacitando-a a encontrar novas satisfações para suas necessidades. O professor pode, assim, abrir o caminho para a aprendizagem, se responder satisfatoriamente à expectativa da criança ou pode bloquear-lhe o caminho despertando na criança medo e ódio dele e, deste modo, do conhecimento a ser adquirido.

O papel da transferência na relação da criança com o professor, se compreendido por este, pode facilitar o atendimento às manifestações às vezes desconcertantes, quando os alunos tratam seus professores como centros de amor, idealização, medo e ódio, orgulho e inveja.

Embora não se pretenda transformar o professor num terapeuta, é desejável que ele conheça os fenômenos que permeiam a sua relação com a criança e, por seu discernimento, evite reagir às provocações da criança de maneira indesejável.

A identificação com o professor é um processo da maior importância tanto para o desenvolvimento da personalidade da criança quanto para sua aprendizagem acadêmica. A identificação é um processo inconsciente, embora às vezes se confunda com o esforço deliberado de modelar-se segundo uma pessoa da vida real ou um herói de ficção. Este mecanismo encontra-se na base de toda aprendizagem, desde aquela da criança com a mãe até a que se processa no interior da escola, onde o aluno tem o desejo de tornar-se igual à pessoa admirada, de tornar o professor, seu conhecimento e suas qualidades, parte de si próprio.

As fantasias das crianças são expressas no brinquedo e na fala e o professor pode, desde a fase pré-escolar, ser orientado para lidar com elas. Os mecanismos de defesa, amplamente usados pelas crianças, devem ser identificáveis pelos professores, a fim de que eles possam auxiliá-las, retomando os problemas que as levaram a usar tais mecanismos e fazendo com que elas o encarem. A regressão, modo de lidar com uma ansiedade por um retorno a maneiras primitivas de consolo, deve ser percebida pelo professor, a fim de que ele ajude o aluno a superar suas dificuldades.

Finalmente pode-se concluir que o professor analisado ou aquele que tem algum conhecimento da Psicanálise encontra-se em melhores condições para compreender os comportamentos infantis e atender às necessidades das crianças e ainda selecionar e adotar medidas para fornecer as oportunidades escolares de que a criança pode fazer melhor uso em cada ocasião.

Referências

FREUD, Anna (1981). *Psicoanálisis del nino*. 5. ed. Buenos Aires: Horme, [Traducido del alemán por Ludovico Rosenthal].

_____ (1973). *Psicanálise para pedagogos*. São Paulo: Martins Fontes [Trad. Luis Pignatelli].

FREUD, Sigmund (1980). *Obras psicológicas completas de Sigmund Freud*. Rio de Janeiro: Imago [Tradução do alemão e do inglês sob a direção geral de Jayme Salomão. Edição standard brasileira].

_____ (1946). *Autobiographical Study*. 2. ed. Londres, Hogarth Press.

ISAACS, Susan (1933). *The Social Development in Young Children*. Londres: Routledge.

HILL, John C. (1974) *O ensino e o inconsciente*. Rio de Janeiro: Imago [Trad. Eliana Sabino].

MAUCO, Georges (1983). *Psicanálise e educação*. 7. ed. Lisboa: Moraes Editores [Trad. Manuel J. do Carmo Ferreira].

MEZAN, Renato (1985). *Freud, pensador da cultura*. São Paulo/Brasília: Brasiliense/Conselho Nacional de Desenvolvimento Científico e Tecnológico.

WINNICOTT, D.W. et al. (1973). *A psicanálise e o pensamento contemporâneo*. Rio de Janeiro: Imago [Trad. Christiano Monteiro Oiticica].

6
O construtivismo

A década de 1920 na Europa foi marcada por alguns movimentos possuidores de características comuns, embora nascidos em países diferentes. Na Suíça o filósofo Jean Piaget mostrou-se interessado em analisar como tem origem e evolui o conhecimento. Seu interesse era epistemológico, isto é, Piaget pretendia mesmo tomar como objeto de estudo o conhecimento humano. Entretanto, para abordar seu objeto, teve ele de acompanhar o desenvolvimento infantil, numa perspectiva longitudinal, desde o nascimento até a idade adulta. Começou, em 1924, reunindo as observações minuciosas que sua esposa e assistente Jacqueline fazia de seus filhos e escreveu, com base nelas, o livro *Linguagem e pensamento da criança*, que lhe permitiu concluir sobre a relação entre o desenvolvimento do pensamento e as funções de representação, entre as quais se coloca privilegiadamente a linguagem. Mais tarde, convidado por Edouard Claparède para trabalhar no Instituto Jean-Jacques Rousseau, de Genebra, teve a oportunidade de ampliar sua pesquisa e envolver pesquisadores vindos das mais diversas partes do mundo. A crença que perpassa toda a obra de Piaget é de que cada pessoa constrói ativamente seu modelo de mundo a partir da interação de suas condições maturacionais com o ambiente que a rodeia.

Na Rússia, onde a Revolução de 1917 resultara na adoção do modelo político socialista, coexistiam escolas antagônicas, cada uma das quais procurava oferecer explicação para alguns problemas da psicologia. Em 1923, K.N. Kornilov iniciou a primeira grande mudança intelectual e organizacional na psicologia após a revolução. O presidente do Instituto de Psicologia de Moscou nesta época era G.I. Chelpanov, um seguidor da tradição introspeccionista de Wundt e opositor do behaviorismo. Seu livro *A mente humana* criticava as posições materialistas e ele ignorava a possível influência do marxismo sobre a psicologia. Chelpanov criticou abertamente a posição teórica de Kornilov e em 1923, durante o Congresso Soviético de Neuropsicologia, apoiou o trabalho apresentado pelo jovem advogado e filólogo Lev S. Vygotsky intitulado "Consciência como objeto da psicologia do comportamento". O que Vygotsky procurava era uma abordagem abrangente, capaz de permitir a descrição e a explicação das funções psicológicas superiores em termos aceitáveis para as ciências naturais. Diferentemente dos behavioristas, Vygotsky tentava mostrar que as funções psicológicas superiores humanas não derivavam da multiplicação e complicação dos comportamentos animais, numa combinação de estímulo e resposta. Para ele, a linguagem e o pensamento teriam origens sociais, não se explicando apenas pela maturação, mas derivando da interação da pessoa com a cultura. Ele chegou a propor a análise dos mecanismos pelos quais a cultura torna-se parte da natureza de cada pessoa, sem perder de vista a associação da psicologia cognitiva experimental com a neurologia e a fisiologia. Finalmente, ao propor que tudo isto fosse entendido à luz da teoria marxista da história, Vygotsky lançou as bases da teoria sociocultural, que explicaria os processos psicológicos superiores.

Na França, também na década de 1920, Henri Wallon realizou estudos sobre a Psicologia da Criança. No período de 1914-1918 ele havia participado do movimento Compagnons de l'Université Nouvelle, que lançou as bases para o ensino renovado e em 1925 criou o Laboratório de Psicobiologia da Criança, que foi integrado, em 1927, à École Pratique de Hautes Études. Wallon era adepto do materialismo histórico e chegou a proferir conferências no Círculo da Rússia Nova. Sua longa carreira inclui ter sido professor de Psicologia e Educação da Criança no College de France, ser o introdutor da Psicologia Escolar na França e ter sido deputado de Paris na Assembleia Constituinte, em 1946. A tese walloniana, que o aproxima dos dois teóricos anteriores, é que o ser humano, diferentemente dos outros animais, apresenta-se carente em sua infância, e o intercâmbio capaz de promover o seu desenvolvimento se dá com o meio social ou, mais precisamente, o meio humano. Portanto, é interagindo com este meio que ele estabelece suas relações com o ambiente físico. Logo, revendo o conceito darwinista de interdependência, Wallon considera que a espécie humana, em razão de sua imperícia inicial, vive em sociedade para adaptar-se ao mundo físico, e insiste no papel histórico do progresso da humanidade.

Como se pode verificar, todos estes teóricos consideram que o desenvolvimento resulta de um processo de interação do indivíduo com o ambiente e admitem que o conhecimento é construído de maneira ativa neste processo de interação. Infelizmente o ambiente da guerra e a divergência dos modelos políticos sob os quais viviam esses autores não favoreceu sua aproximação e consequente troca de ideias. Entretanto, tem-se notícia de que Piaget conheceu as ideias de Vygotsky e que os dois chegaram a se corresponder até que as comunicações entre eles foram impedidas por motivos políticos. Os estudos realizados por Vygotsky desenvolveram-se por detrás do que se costuma nomear "cortina de ferro", isto é, o espaço ao qual o comunismo soviético não permitiu o acesso durante vários anos. Acresce a isto que o filólogo soviético viveu poucos anos e seus estudos foram continuados por seguidores, que também não tiveram a oportunidade de dialogar com os pesquisadores do oeste europeu.

No período de 10 a 13 de janeiro de 1975, reuniram-se alguns pesquisadores europeus e americanos, na Abadia de Royaumont, em torno de Jean Piaget e de Noam Chomsky, fundadores respectivamente da epistemologia genética e da linguística gerativa. A finalidade desse encontro era discutir os rumos da pesquisa nas áreas de linguística, psicologia e epistemologia. Os dois pesquisadores representavam, na época, duas posturas radicais, que foram então denominadas construtivismo piagetiano e inatismo chomskiano.

A questão que primeiro suscitou discussões foi a seguinte: *Como tem origem e como evolui o conhecimento*. Em sua apresentação, Piaget distinguiu três maneiras pelas quais os pesquisadores tentavam responder a esta pergunta: o primeiro grupo, que tem como principais representantes Noam Chomsky e Konrad Lorenz, considerou que o conhecimento é pré-formado, ou seja, já nascemos portadores das estruturas do conhecimento e elas se atualizam à medida que nos desenvolvemos. Lorenz, um psico-fisiologista, tentou provar esta tese com suas experiências sobre *imprinting* ou impressão, um fenômeno graças ao qual animais tendem a apresentar um comportamento aparentemente aprendido no momento em que evidenciam maturidade para isto. Os patos, no exemplo tomado por ele, tendem a identificar com a figura materna a pessoa ou outro objeto que caminhe à sua frente vinte horas após seu nascimento. Chomsky, por sua vez, tentou demonstrar a pré-formação das estruturas linguísticas.

O segundo grupo de teóricos, numa posição oposta ao primeiro, considera que o conhecimento tem origem e evolui a partir da experiência que o sujeito vai acumulando. Esta posição, denominada empirismo, tem como alguns de seus representantes J.B. Watson e B.F. Skinner. Levando ao extremo o determinismo ambiental, Watson chegava a considerar que poderia transformar qualquer criança, vinda de qualquer meio, naquilo que se desejasse. Expressava, deste modo, sua crença de que o homem é produto do meio, bem como sua expectativa de que a mente humana seria uma *tabula rasa* na qual se registraria aquilo que se pretendesse.

Piaget defendeu um ponto de vista diferente dos dois citados ao admitir que o conhecimento resulta da interação do sujeito com o ambiente. Ele considerou que cada um constrói, ao longo do seu processo de desenvolvimento, o seu próprio modelo de mundo e que as chaves principais do desenvolvimento são:

a) A própria ação do sujeito. Ele é, pois, construtor ativo do seu conhecimento.

b) O modo pelo qual isto se converte num processo de construção interna, isto é, de formação dentro da mente de uma estrutura em contínua expansão, que corresponde ao mundo exterior.

Piaget denominou a postura teórica por ele encabeçada de construtivismo por realçar que o homem é construtor de seu conhecimento. Para explicar a interação construtiva da criança com o ambiente, utilizou os conceitos de assimilação, acomodação e adaptação. A assimilação é a incorporação de um novo objeto ou ideia à que já existe, ou seja, ao esquema que a criança possui. A acomodação implica a transformação do organismo para poder lidar com o ambiente; diante de um objeto ou nova ideia a criança modifica seus esquemas adquiridos anteriormente. A adaptação representa, neste grupo, a maneira pela qual o organismo estabelece um equilíbrio entre assimilação e acomodação, adaptando-se continuamente às imposições feitas pelo ambiente.

Pouco depois do encontro realizado na Abadia, vieram a público, no Ocidente, as pesquisas feitas por Vygotsky e, paralelamente, foi retomada a importância atribuída a Wallon. Passou-se, então, a designar este grupo de teóricos como construtivistas e sua influência sobre a educação tem sido realmente significativa.

6.1 Os equívocos sobre o construtivismo

Como as teorias construtivistas são bastante complexas, os educadores, que apreciam seus pressupostos e decidem adotá-las para fundamentar suas propostas de ensino, têm cometido sérios enganos. Decidimos, por este motivo, chamar a atenção do (a) leitor (a) para alguns equívocos mais comuns, alertando-o (a) para que também não os cometa:

Uma postura construtivista elimina os programas de ensino?

Deixar que o ensino transcorresse apenas em função dos interesses e solicitações dos alunos seria adotar uma postura expontaneísta e construtivismo não é sinônimo de expontaneísmo. Na verdade, o construtivismo propõe uma maneira de ensinar que leva em consideração a forma pela qual a criança resolve as situações problemáticas que lhe são apresentadas. Deve-se esperar que a criança elabore suas respostas, evitando interferir em seu raciocínio. Além disso, não se deve colocar para a criança problemas que ela não esteja preparada para responder. Assim, introduzir problemas que lidam com razão-proporção antes que a criança domine esta operação lógica (por volta de 10 anos) é improdutivo e desestimulante.

Quem adota a postura construtivista deve realizar avaliações?

Como alguns erros cometidos pelas crianças são explicados pelo estágio de desenvolvimento de seu raciocínio, costuma-se pensar que não se deve avaliar a aprendizagem infantil. Entretanto, as avaliações são indispensáveis quando se adota uma postura construtivista, porque, em lugar de considerar apenas o que é certo ou errado, tem-se de analisar o raciocínio que está por detrás do erro cometido pela criança. Dependendo do estágio de desenvolvimento em que se encontra a criança avaliada, sua estrutura mental determina um tipo de resposta; é avaliando a resposta dada que se pode concluir se a criança está no período pré-operacional ou operacional concreto; se já domina as operações de classificação e seriação, se já formou o conceito de número e outros avanços no seu desenvolvimento.

Podem professores construtivistas chamar atenção, impor uma certa disciplina?

Outra crença frequente é de que a adoção do construtivismo elimina qualquer possibilidade de se colocar limites no comportamento da criança. Piaget analisou a construção do julgamento moral e da autonomia e, ao fazê-lo, realçou que, após a fase de anomia, a criança vive uma fase de heteronomia, na qual ela constrói seu modelo de certo/errado a partir dos limites impostos pelo adulto. Deve-se lembrar que as pessoas não atingem a autonomia se não passarem por essa fase heterônoma, isto é, se não aprenderem o que é certo ou errado a partir da intervenção do adulto.

O construtivismo aplica-se a crianças com qualquer nível de inteligência?

Outra ideia amplamente difundida é de que o construtivismo sugere um modelo de ensino aplicável somente a crianças bem-dotadas. Isto não é verdade porque o construtivismo, diferentemente de posturas tradicionais, tem o objetivo de acompanhar o desenvolvimento de cada criança. É sabido que todas as crianças passam pela mesma sequência de desenvolvimento, mas, como o ritmo é variável de uma criança para outra, a cronologia desta sequência varia de uma criança para outra. Como a postura construtivista está sempre voltada para analisar o raciocínio da criança em cada momento de seu desenvolvimento, é provável que ele seja mais adequado ao ensino de crianças com dificuldades de aprendizagem do que outros modelos de ensino.

O construtivismo é o melhor modelo de ensino?

Alguns especialistas em educação costumam considerar que o construtivismo é o modelo teórico que melhor fundamenta o ensino e, por este motivo, os professores deveriam ser treinados para utilizá-lo. Sem dúvida, trata-se de uma postura teórica bem fundamentada na pesquisa, mas não se pode afirmar que seja a melhor. Outros modelos de ensino também se basearam em pesquisas científicas e merecem crédito. Além disso, para se tornar construtivista, um professor tem de apresentar algumas características de personalidade que o habilitem a assumir tal postura. Ele deve ser uma pessoa capaz de observar muito, deve ser paciente para esperar que o aluno demonstre seu raciocínio sem fazer antecipações e deve se identificar com os princípios do construtivismo. Na verdade, o melhor método de ensinar é aquele que o professor conhece bem e no qual acredita, por isto o aplica com sucesso.

6.2 A teoria de Jean Piaget

O cenário

A Suíça: o ambiente sociocultural da teoria

O fato mais notável sobre a história da Suíça é, provavelmente, o número de psicólogos, psiquiatras e educadores que ela produziu, considerado o tamanho reduzido de sua população. Ali nasceram Jean-Jacques Rousseau, Pestalozzi, Froebel e Edouard Claparède, todos eminentes educadores; Carl Gustav Jung, o célebre analista neofreudiano, Hermann Rorschach, autor do teste de psicodiagnóstico, Friedrich Binswanger, o psiquiatra existencial, e Jean Piaget.

Sem dúvida, a herança suíça de Piaget, embora não explique sua genialidade, constitui fator importante na determinação dos rumos de sua obra. A união da teoria do desenvolvimento e da prática educacional é perfeitamente natural na Suíça, sobretudo em Genebra, onde Rousseau viveu e trabalhou.

É por isto que nossa primeira preocupação será situar Piaget na Suíça, ambiente cultural onde emergiu sua teoria.

A Suíça é um Estado confederado, constituído de 25 cantões e semicantões, autônomos no campo cultural e, graças à tradição da democracia direta e à autonomia dos cantões, cada um deles mantém seu sistema escolar diferente. O princípio do *referendum* dá originalidade à democracia suíça; apesar das duas grandes guerras, a neutralidade do país, proclamada no Tratado de Viena (1815), não foi violada. A constituição atual está em vigor desde 1849.

Há quatro línguas oficiais no país – alemã (71%), francês (21%), italiano (5%) e romanche (3%) – e, apesar desta diversidade, a solidariedade nacional não é afetada. Os cantões de Genebra, Neuchâtel e Vaud são de língua francesa e os cantões de Friburgo, Berna e Valais se dividem em duas regiões linguísticas, com leis e regulamentos em alemão e francês. Por isto, as universidades de Genebra e Lausanne (cantão de Vaud) e a de Neuchâtel usam o francês, e a de Friburgo é bilíngue.

A posição geográfica da Suíça, que faz com que ela seja o terreno neutro em que se encontram três grandes culturas, foi a causa de sua política de tolerância. O panorama das montanhas e dos vales alpinos tem sido motivo para a unidade e orgulho do povo suíço. Apesar de serem vizinhos de países mais poderosos e que falam as mesmas línguas que eles, os suíços resistem bravamente à tentativa dessas nações para separá-los e reagem quando são chamados de franceses, italianos e alemães, devido à língua que falam.

Devido à língua usada na maioria dos cantões, a cultura germânica tem um papel importante na história do país. Graças à proximidade entre França e Suíça e a língua falada nos cantões mais intelectualizados, a cultura francesa exerce também um papel muito relevante. É na Suíça de língua francesa que surgiram educadores que suscitaram grandes renovações pedagógicas. O Instituto Jean-Jacques Rousseau (hoje Instituto de Ciências da Educação) da Universidade de Genebra é uma instituição que tem se salientado pela difusão dos métodos ativos e pelo desenvolvimento da psicologia da criança.

A população suíça pratica as religiões protestante (58%) e católica (42%). A influência religiosa, marcante em qualquer cultura, tem importância inegável na Suíça, onde o calvinismo está presente em vários movimentos intelectuais.

Neste território, o calvinismo foi inovador e renovador – ao mesmo tempo em que era responsável pela reforma dos métodos de instrução e pelo estabelecimento da educação elementar universal, esta seita influenciava o desenvolvimento das ideias democráticas de autogoverno. A maior contribuição de Calvino à causa democrática não foi sua teologia, mas o treinamento básico para o governo autônomo, que teve como modelo os consistórios, as assembleias provinciais e os sínodos nacionais. Não foi por casualidade que vários pioneiros do moderno liberalismo e da tolerância nasceram em comunidades calvinistas.

Em 1536, o próprio Calvino fundou em Genebra o grande College de la Rive, que logo se transformou no centro educacional e teológico de todos os exilados calvinistas, inclusive eruditos ingleses e escoceses que professavam o credo reformado. Nesse colégio ensinavam-se, na época, Grego, Matemática, Lógica e Filosofia Natural.

No desenvolvimento histórico europeu, o puritanismo exerceu considerável influência, tendo constituído uma característica comum às comunidades calvinistas. Convém esclarecer que o puritanismo é uma atitude em relação aos problemas da vida, baseada na responsabilidade moral do indivíduo; ele não está necessariamente ligado a um credo religioso particular e, na Suíça, vinculou-se ao protestantismo.

A influência dos puritanos na Suíça é responsável pela mentalidade democrática, pela defesa de uma escola aberta a todas as classes sociais e pelo princípio da educação universal e obrigatória. No tocante ao ensino superior, os calvinistas foram pioneiros da pesquisa científica e introdutores do estudo das modernas disciplinas acadêmicas.

A religião voltou a exercer um papel importante na Suíça quando Heinrich Pestalozzi, um suíço de fala alemã, estreitamente relacionado com os círculos maçônicos humanistas de seu tempo, inspirou-se no Contrato Social de Rousseau e, em 1762, uniu-se ao grupo de patriotas radicais suíços para a fundação da "Sociedade Helvética". As aspirações da organização eram a reforma da Constituição aristocrática da Suíça segundo linhas democráticas, a regeneração moral da vida cívica e a educação universal de todos os cidadãos. A partir da publicação do *Emílio* de Rousseau, a sociedade passou a estimular a educação científica, sem denominação confessional, baseada nos princípios de fraternidade humana, patriotismo cívico e tolerância religiosa. O jornal criado pela sociedade, em 1765, divulgou tantas críticas abertas às autoridades que Pestalozzi foi preso e condenado a pagar uma multa. Entretanto, seu entusiasmo pela revolução social não diminuiu; saudou a Revolução Francesa e ofereceu seu trabalho didático ao governo revolucionário na Suíça, iniciando assim sua vida de trabalho e dedicando-se até a morte à educação e à defesa da democracia.

A luta dos reformadores humanistas em favor de um currículo científico e da laicização da educação prosseguiu, no século XIX, em toda a Europa.

Acrescente-se a tudo isto que a guerra poupou a Suíça e ela se tornou um refúgio para os intelectuais, alguns dos quais, durante o período de 1939/1945, tornaram-se bastante produtivos.

O pensamento filosófico e pedagógico da França e da Suíça

Embora a obra de Jean Piaget, nos últimos anos, tenha se espalhado não só através do Atlântico como também do Canal da Mancha, trata-se de um autor suíço, de língua francesa, cujos maiores vínculos são, por consequência, com seu país de origem e a França.

No território francês, Piaget divide o cenário psicológico com Pièron, que é francês, e um belga, Michotte. Os três comungam um interesse pelos processos sensoriais e a convicção de que a Psicologia e a Filosofia não devem estar afastadas.

Mesmo respeitando o caráter inovador da obra de Piaget, tanto no que diz respeito à abordagem (epistemologia) e à metodologia, não se pode considerar o trabalho deste autor de Genebra como isolado da psicologia francesa em geral. Há um estreito vínculo de seu trabalho com o de Michotte, no que diz respeito aos estudos de causalidade, movimento e velocidade, tal como são entendidos pelas crianças. Todo o estudo da percepção feito por Piaget é permeado de citações das experiências de Michotte. Por outro lado, é notória a influência de Fraisse, da Sorbonne, com quem Piaget divide a coordenação do Tratado de Psicologia. Os dois autores partilham o interesse pela percepção do tempo, e isto é bem claro, na obra *Les structures rhythmiques* (FRAISSE, 1957).

Quando Piaget foi convidado para suceder Merleau Ponty, na Sorbonne, tornou-se mais nítida sua relação com a filosofia francesa e foi aberto um novo espaço para a sua epistemologia genética.

Na Suíça, Piaget tem antecedentes na Psicologia e na Educação, embora ele tenha insistido em que foi, durante toda sua vida, um filósofo. Entende-se melhor a situação de sua obra no contexto da filosofia suíça, quando se pensa que ele é mais um elo da corrente de pensadores humanistas ligados à maçonaria e à religião, os quais desenvolveram suas mais profundas reflexões e seus mais interessantes trabalhos na Universidade de Genebra, que resulta de uma escola criada pelos calvinistas há mais de 400 anos.

Juntamente com Claparède, Ferrière e Bovet, Piaget tornou-se um dos representantes da "escola ativa". A expressão, usada pela primeira vez em 1919, por Pierre Bovet, num artigo publicado na revista *Intermédiaire des éducateurs*, de Genebra, é uma tradução francesa do termo *Arbetsschule* (escola do trabalho), e baseia-se na consideração da criança como organismo ativo.

Uma breve referência aos pensadores que antecederam Piaget nesta linha histórica da psicologia suíça tornará mais claro o cenário de seu pensamento.

Théodore Flournoy é o pioneiro da psicologia suíça. Como outros homens eminentes da Suíça, vinha de uma família que abandonou a França devido à perseguição religiosa. Na Universidade de Genebra, ele concluiu a Faculdade de Ciências e recebeu o título de Bacharel em Ciências Matemáticas. Passando a interessar-se por anatomia e fisiologia em Friburgo e Strasbourg, em 1878, completou sua tese de doutoramento. A partir de então, tornou-se aluno de Wundt, no Laboratório de Psicologia de Leipzig. Após uma curta estada em Paris, ele retornou a Genebra para iniciar uma longa carreira de magistério, que se iniciou em filosofia para terminar em psicologia, ao contrário de seu amigo William James, que começou na psicologia para concluir na filosofia.

Em 1891, criada a cadeira de Psicologia fisiológica e experimental na Universidade de Genebra, Flournoy insistiu em situá-la na Faculdade de Ciências e não na de Filosofia. Seu laboratório foi fundado em 1892 e os problemas pesquisados foram os mesmos do laboratório de Wundt – tempo de reação, sensações, etc. Entretanto, o que realmente ocupou Flournoy foi a parapsicologia, e chegou a trabalhar com médiuns como Helène Smith, cujas manifestações foram objeto de estudos na França, Inglaterra e Estados Unidos.

Por volta de 1901, com Claparède, Flournoy criou o periódico suíço de Psicologia, *Archives de Psychologie*, que passou, depois, a ser editado por Piaget. Apesar da preocupação parapsicológica, Flournoy presidiu o Congresso de Psicologia realizado em Genebra em 1906, o que seria impossível na atualidade.

Edouard Claparède (1873-1940), natural de Genebra e descendente de uma família protestante francesa, foi o sucessor de seu primo e mentor intelectual Flournoy. Em sua autobiografia, ele observa que, embora não tenha tido ancestrais germânicos ou anglo-saxões, admirava o pensamento germânico.

Desde cedo, Claparède dedicou-se à psicologia, identificando-se com o pensamento de Binet. Como outros iniciantes de sua época estudou em Leipzig e, depois de concluir seu curso médico, foi para Paris, onde foi colocado no *staff* de La Salpêtrière por Déjerine, eminente psiquiatra, que se antagonizava com os estudantes por afirmar que Dreyfus, prisioneiro na Ilha de Devil, era um inocente e um patriota.

Por volta de 20 anos, Claparède publicou um livro, no qual retomou sua formação biológica — ele considerava o sonho um instinto de proteção. Mais tarde, esta teoria, elaborada em conexão com estudos sobre histeria e esquizofrenia, foi precursora das ideias de Kraepelin e Kretschmer. O interesse de Claparède incluía psicologia animal, pedagogia experimental e testes vocacionais e de aptidão. Entre seus admiradores incluiu-se, depois, Willian James, à época em que, estando Claparède ligado à escola psicológica funcional-motora, foi lançada a teoria de emoções James-Lange.

Claparède foi influenciado pelas ideias de Rousseau e de Dewey e considerava que a educação não é preparação para a vida, mas é a própria vida, e, por isto, deve ser ativa, porque vida é ação.

Seus trabalhos mais importantes foram realizados no terreno da psicologia. Sendo um dos mais importantes iniciadores do movimento da Escola Ativa, sua concepção da infância sensibilizou a Europa e a América.

Foi ele o criador do conceito de educação funcional: "o princípio da Escola Ativa é derivado da lei fundamental da atividade dos organismos, que é a lei da necessidade ou do interesse: a atividade é sempre suscitada por uma necessidade". Verifica-se, pois, que ele apresentou uma concepção pragmatista, semelhante à de Dewey.

Em 1912, Claparède fundou, na Universidade de Genebra, o Instituto Jean-Jacques Rousseau que, graças à sua influência, procurava combinar teoria educacional e pedagogia experimental.

Ferrière, teórico da educação suíça, apelava, de preferência, para ideias biológicas e filosóficas. Partindo de Bergson, ele admitia que o impulso vital é a raiz da vida, a fonte de atividade e que o fim da educação é conservar e aumentar este impulso. Para ele, "o ideal da escola ativa e a atividade espontânea pessoal e produtiva [...] é a escola da expressão criadora da criança".

Nesta linha histórica, é Piaget o sucessor de Flournoy, Claparède e Ferrière.

O homem e a obra

Antecedentes intelectuais e fundamento da concepção piagetiana de homem

A obra de Piaget é saturada de conceitos extraídos da Biologia e da Matemática, de questões fundamentalmente filosóficas, de estudos que têm a ver com a Física. Provavelmente, alguns autores ou problemas exerceram sobre ele uma influência maior, e é isto que nos propomos verificar.

A formação filosófica de Piaget teve início num curso de "instrução religiosa", ao qual sua mãe, protestante convicta, o encaminhou bem cedo. A primeira vez que ele entrou em contato com a Filosofia sem ser através do discurso dos teólogos foi quando leu *La philosophie de la religion fondée sur la psychologie et l'historié*, de Auguste Sabatier. Surgiu aí sua paixão pela Filosofia, e quando, aos 18 anos, decepcionou-se com a leitura de Bergson, estava definida sua aspiração de construir uma ponte entre a Filosofia e a Ciência: era o embrião da Epistemologia Genética.

Não se pode precisar a influência de Kant sobre o trabalho de Piaget, embora alguns temas kantianos estejam presentes na obra do autor suíço. Kant supôs que seria possível entender as estruturas do conhecimento humano mediante uma análise crítica deste conhecimento: ele foi o primeiro a admitir uma correlação entre a estrutura do conhecimento e a estrutura da inteligência humana.

Outro tema kantiano coincidente com a obra de Piaget é a concepção construcionista do conhecimento humano – Kant deu o salto monumental para esta concepção ao admitir que não existe conhecimento sem atividade mental e que um conhecimento não consiste na simples leitura de dados ambientais. Piaget acrescentou à posição kantiana que as categorias de conhecimento não são estáticas; elas mudam durante o ciclo do desenvolvimento.

Há quem afirme existir um ponto de encontro entre Hegel e o ponto de vista de Piaget, nos temas relativos à totalidade e à dialética (Elkind, 1978). Assim, a ênfase piagetiana sobre a totalidade, bem clara no seu estruturalismo, seria uma ênfase hegeliana, como o é a visão estruturalista da psicologia da Gestalt. Por outro lado, a dialética, forma lógica proposta por Hegel, estaria também presente na concepção piagetiana de desenvolvimento, nos conceitos de assimilação, acomodação e equilibração que podem ser considerados equivalentes à tese, antítese e síntese. Para Piaget, a contradição lógica torna-se uma dinâmica básica do desenvolvimento mental, a dinâmica de um processo dialético em curso entre a razão e a experiência da criança.

Não se pode esquecer, também, que Piaget foi influenciado por André Lalande, com quem estudou Lógica e Filosofia da Ciência, e por Brunschwieg que, segundo o próprio Piaget, sensibilizou-o grandemente com seu método histórico-crítico e suas referências à Psicologia.

A formação inicial de Piaget se deu na área de Biologia. Não é de se admirar, pois, que alguns conceitos por ele usados sejam extraídos deste campo científico, nem que os métodos naturalistas tenham desempenhado papel proeminente na sua pesquisa. Alguns investigadores desta área exerceram influência sobre o trabalho de Piaget. Embora não se possa admitir claramente que ele seja um lamarckiano, verifica-se que seu conceito de invariantes funcionais baseia-se claramente num modelo de intercâmbio entre organismo e ambiente, que é sobretudo biológico. Em seus estudos sobre moluscos, ele concluiu que estes organismos inferiores, embora se acomodem ao ambiente, também o assimilam ativamente, de acordo com sua dotação estrutural. Segundo Piaget, o desenvolvimento cognitivo deve fundir suas raízes com o crescimento biológico e os princípios básicos do primeiro devem ser encontrados entre os que têm validade para o segundo.

Da teoria de Darwin, Piaget extraiu o conceito de adaptação. Enquanto para Darwin, que estava interessado na evolução da espécie, os meios de adaptação eram a seleção natural e a variação, para Piaget, que estava preocupado com o desenvolvimento humano, os principais modos de adaptação eram a assimilação e a acomodação.

No âmbito da Psicologia, Piaget tem, também, alguns precursores que já foram citados. É necessário lembrar, aqui, os pontos de convergência de seu pensamento com o dos gestaltistas. Tanto a Gestalt, nascida em 1912, através dos trabalhos convergentes de W. Kohler e M. Wertheimer, quanto a teoria piagetiana constituem estruturalismos. Contudo, a Gestalt trabalha com "estruturas" que são consideradas "puras", porque esta corrente psicológica não se preocupa com sua história; trata-se, pois, de um estruturalismo sem gênese, sem funções e sem relações com o sujeito.

Piaget, divergentemente, trabalha com as estruturas lógico-matemáticas e preocupa-se, fundamentalmente, em analisar a gênese de sua construção, que é a própria gênese da inteligência. Além disso, para ele as estruturas são indissociáveis de um funcionamento, e de funções no sentido biológico do termo; inclui-se, pois, a autorregulação na definição das estruturas. Se a estrutura é real, é porque há autorregulação ativa e, como é autônoma, "recaímos na necessidade de um funcionamento e, se os fatos nos obrigam a atribuir as estruturas a um sujeito, podemos nos contentar em definir esse sujeito como um centro de funcionamento" (PIAGET, 1970).

Na fase inicial de sua carreira, Piaget interessou-se pela Psicanálise e assumiu, em relação a ela, uma posição ambivalente. Se de um lado expressa respeito pelos estudos da vida afetiva, de outro considera o método pouco convincente: "Acho que o futuro da Psicanálise é tornar-se experimental, o que Rapaport e seus alunos, como Wolfe, já começaram a fazer. Antes disso, enquanto não passar de discussão de casos clínicos, não é completamente convincente em todos os pormenores" (EVANS, 1973). Admitindo que é impossível dissociar o aspecto biológico do social, quando se trata do desenvolvimento psicológico, Piaget considerou, nos últimos anos, valiosa a contribuição da teoria do desenvolvimento psicossocial de Erik Erikson.

A matemática e a lógica também se acham implícitas na estrutura da teoria, bem como no conteúdo do trabalho experimental. A teoria faz uso dos sistemas lógico-algébricos no seu tratamento da estrutura intelectual, onde são usados conceitos de grupo, reticulado, agrupamento. O trabalho experimental também é impregnado de lógica e matemática, uma vez que Piaget e seus colaboradores pesquisaram o desenvolvimento dos conceitos de número, probabilidade, relações topológicas, projetivas e espaciais euclidianas e uma variedade de operações lógico-matemáticas.

A Física também entra no sistema piagetiano como uma contribuição à teoria e como um conteúdo que é objeto de estudo. O conceito de sistemas em equilíbrio deriva dos campos da termodinâmica e da mecânica. Enquanto conteúdo, a Física está presente nos estudos sobre a causalidade física, os conceitos de massa, peso e volume, de duração e sucessão temporal e em vários estudos que ainda hoje estão se desenvolvendo no Centro de Epistemologia Genética.

A vida e a obra de Piaget

Jean Piaget nasceu a 9 de agosto de 1896, na Província de Neuchâtel, na Suíça. Seu pai era estudioso de literatura medieval e dedicou-se também a escrever a história de Neuchâtel. Dele, Piaget diz ter aprendido a valorizar o trabalho sistemático, mesmo que verse sobre detalhes. A mãe, que ele considera enérgica e inteligente, ao mesmo tempo que neurótica, ele atribui a influência para bem cedo dedicar-se a trabalhos sérios.

Entre 7 e 10 anos, Piaget interessou-se sucessivamente por mecânica, pássaros, fósseis e conchas marinhas. Em 1907, reuniu num artigo as observações que havia feito sobre um pardal parcialmente albino e enviou-o a uma revista de História Natural de sua cidade. Em seguida ofereceu-se a Paul Godet, especialista em malacologia e diretor do Museu de História Natural de Neuchâtel, para ajudá-lo na classificação de moluscos e conchas. Quatro anos após, tendo morrido Godet, teve oportunidade de publicar alguns artigos sobre os moluscos da Suíça, Bretanha, Saboia e Colômbia.

O interesse por biologia persistiu nos anos seguintes. Em 1915, Piaget licenciou-se na Universidade de Neuchâtel e, em 1918, doutorou-se com uma tese sobre os moluscos de Valois. Mais tarde, Piaget mostraria uma relação entre o processo de conhecimento e os mecanismos de equilíbrio orgânico e usaria termos buscados no vocabulário da Biologia.

Entre 15 e 20 anos, Piaget viveu uma crise religiosa e filosófica. No convívio com seu padrinho Samuel Cornut, com quem passou um período de férias às margens do Lago Annecy, ele passou a interessar-se pelo estudo de teologia e filosofia e descobriu Bergson. Em sua autobiografia, Piaget revela que teve, nesse momento, a revelação da identidade de Deus e da vida e resolveu dedicar-se ao estudo do problema do conhecimento – a Epistemologia.

De 1914 a 1918, Piaget leu Kant, Spencer, Comte, Fouillée, Guyau, Lachelier, Boutroux, Lalande, Durkheim, Tarde, Le Dantec, James, Ribot, Janet, etc. Dessa variedade de leituras e das suas preocupações científicas e metafísicas surgiria, em 1916, um romance filosófico – *La mission de l'idée* – e, em 1918, *Recherche*, trabalhos nos quais "se refletem as preocupações ao mesmo tempo científicas e metafísicas, intelectualistas e sentimentais do jovem em face dos problemas da época: ciência e fé, paz e guerra, cristianismo tradicional e socialismo nascente" (PIAGET, 1966).

Após o doutoramento, em 1918, Piaget seguiu para Zurique, onde passou alguns meses estudando Psicologia nos laboratórios de G.E. e Lipps e Wreschner e convivendo com Bleuler. Em 1919, foi para Paris onde, durante dois anos, seguiu os cursos da Sorbonne, sendo aluno de Filosofia de André Lalande (1857-1939). Passou a estudar Dumas, Janet, Piéron, Delacroix e leu *Lógica* de Couturat.

Foi, então, convidado para participar da padronização do teste de raciocínio de Burt para a amostra francesa e teve à sua disposição o laboratório de Binet (1875-1911), para realizar a tarefa. Nessa época, Piaget observou que, embora os testes de Burt fossem bastante adequados como instrumentos de diagnóstico, pois baseavam-se em acertos e erros, seu interesse era analisar as causas dos erros. "Assim, travava com os sujeitos conversações do tipo de interrogatórios clínicos, com o fim de descobrir algo sobre os processos de raciocínio que se encontravam por trás das respostas [...]" (PIAGET, 1966).

Este procedimento veio a constituir o método clínico, que ele usaria ao longo de toda sua vida e que se inspira no método experimental e na interrogação clínica dos psiquiatras.

Seus trabalhos publicados neste período na revista *Archives de Psychologie* impressionaram bastante Edouard Claparède (1873-1940), editor da revista e diretor do Instituto Jean-Jacques Rousseau, de Genebra. Foi este educador o responsável pelo ingresso de Piaget, em 1921, no Instituto, onde dispôs de tempo e liberdade para desenvolver seus estudos sobre a criança. Sua intenção nessa época era dedicar apenas dois ou três anos ao estudo do pensamento infantil e depois retornar ao estudo da gênese das estruturas lógicas fundamentais. O que fora previsto para esse curto espaço de tempo tomou-lhe, contudo, mais de cinquenta anos.

Logo, por volta de 1920, Piaget já havia definido o objeto de suas investigações e o método. Ele pretendia realizar um trabalho de epistemologia genética que consistia em "pôr a descoberto as raízes das diversas modalidades de conhecimento, desde suas formas mais elementares, e seguir sua evolução até os níveis mais elevados, inclusive até o pensamento científico. Trata-se de uma análise que comporta uma parte essencial de experimentação psicológica, mas que, de modo algum, significa um esforço de pura psicologia. A intenção, no caso, era essencialmente epistemológica" (PIAGET, 1970).

A obra de Piaget é de tal modo ligada à metodologia por ele usada, que alterações do seu método de estudo são acompanhadas de variações no objeto de sua pesquisa e nuanças diferentes em suas conclusões.

O método clínico, clássico em medicina psiquiátrica e psicopatologia, é essencialmente individual e casuístico, constituindo o método que define a psicologia clínica. A originalidade de Piaget consistiu, segundo Vinh-Bang, em tê-lo adaptado a uma investigação experimental.

O período em que surge o método piagetiano coincide com o aparecimento dos testes e a designação "método clínico" pretende evidenciar a oposição ao método de testes. Em lugar de apresentar problemas estandardizados, vocabulário prefixado, Piaget preferiu adaptar as expressões e as situações às respostas, atitudes e vocabulário do sujeito. Desse modo, em 1926, na introdução de seu livro *La représentation du monde chez l'enfant*, Piaget afirmou que o método clínico permite "superar o método de observação pura, sem cair nos inconvenientes do teste e alcançado as principais vantagens da experimentação".

O método clínico piagetiano consiste, portanto, em conversar livremente com a criança sobre um tema dirigido e seguir, por conseguinte, os desvios tomados por seu pensamento, a fim de reconduzi-lo ao tema, para obter justificativas e testar a constância, e em fazer contrassugestões. Entretanto, até chegar a ser do modo como acabamos de descrevê-lo, o método clínico passou por várias etapas evolutivas. Acompanhar a evolução do método é, provavelmente, um recurso para se compreender melhor a obra de Piaget e, para isso, seguiremos o roteiro sugerido por Vinh-Bang.

A – Etapa de elaboração do método (1920-1930)

O tema das investigações de Piaget – estudos acerca da lógica da criança – já estava definido quando ele empreendeu suas primeiras investigações no Instituto Jean-Jacques Rousseau.

Piaget tentava, então, captar a lógica da criança através do pensamento verbal; valia-se do recurso aos métodos de conversação livre, embora estivesse atento às limitações de seu trabalho. O método clínico propriamente dito só é empregado em situações naturais, nunca em situações preestabelecidas, e a única forma de observação permitida é a observação pura. A amostra usada por Piaget e seus colaboradores foi constituída de crianças da Maison des Petits. Durante um mês eram observadas as suas manifestações espontâneas e anotadas respostas dadas às professoras e aos colegas, a fim de se calcular um coeficiente de egocentrismo e suas flutuações.

O material para o estudo do juízo e raciocínio foi constituído de provas verbais extraídas dos testes de Burt, Binet-Simon, Claparède, ou elaboradas de maneira similar: testes de esquerda-direita, dos irmãos, definições, crítica de frases absurdas, seriações verbais, inclusões ou multiplicações lógicas. A inovação piagetiana consiste em não se limitar à resposta que a criança dá à questão formulada, estabelecendo, em vez disso, diálogos mais livres e indagadores.

Cinco obras reúnem as observações e a interpretação dessas conversações. São elas:

La langage et la pensé chez l'enfant, publicada em 1923;
Le jugement et le raisonnement, publicada em 1924;
La représentation du monde chez l'enfant, publicada em 1926;
La causalité physique chez l'enfant, publicada em 1927 e
Le jugement moral chez l'enfant, publicada já em 1932.

Os três últimos livros indicam uma opção de Piaget por uma abordagem qualitativa, em lugar de quadros numéricos e provas estandardizadas. O próprio autor escreveu na introdução de seu livro, em 1926: "O método clínico participa da experiência no sentido de que o clínico se propõe problemas, formula hipóteses, faz variar as condições e, finalmente, controla cada uma das hipóteses em contato com as reações provocadas pela conversação. Mas o exame clínico também participa da observação direta, no sentido de que todo bom clínico [...] toma em consideração todo o contexto mental em lugar de ser vítima de erros sistemáticos, como costuma ocorrer com o experimentador puro".

Revendo este período, verifica-se que houve, inicialmente, uma tomada de consciência da inadequação do método de testes ao propósito do estudo de Piaget. A partir daí, ele foi concebendo um método mais apropriado que pôs em ação à medida que delineava mais claramente o contorno de seu campo experimental. Em La langage et la pensée e em Le jugement et le raisonnement observa-se o início do deslizamento que em La représentation du monde chega a uma clareza maior, para culminar em La causalité physique, obra na qual se assiste a uma inflexão no sentido de usar a manipulação como suporte da conversação. Assim, ocorre a passagem progressiva e gradual de uma apreensão da lógica infantil na linguagem para a apreensão da lógica infantil na ação, sem que a linguagem seja excluída e sem que o essencial do método clínico seja modificado.

Logo, neste primeiro período, Piaget estabeleceu um método para alcançar as estruturas do pensamento infantil, através de seus aspectos verboconceptuais. Por mais que evolua o método então esboçado, a opção metodológica já estava, nesta ocasião, definida.

Não se pode desligar a produção intelectual de Piaget dos acontecimentos de sua vida. Até 1925, ele lidou com psicologia enquanto chefe de trabalhos no Instituto Jean-Jacques Rousseau, mas, a partir desse ano, tornou-se professor de Psicologia, Sociologia e Filosofia da Ciência na Universidade Neuchâtel. É também, em 1925, que nasceu sua primeira filha, tendo a segunda nascido em 1927 e o filho em 1931. A observação das crianças forneceu ao pesquisador elementos importantes para o estudo da gênese das estruturas lógicas.

B — Etapa da observação crítica (1930-1940)

Em 1929, Piaget voltou à Universidade de Genebra como professor de História do Pensamento Científico e isto lhe permitiu orientar-se para uma epistemologia fundada no desenvolvimento mental tanto ontogenético quanto filogenético. Paralelamente, ele assumiu as funções de diretor-adjunto do Instituto Jean-Jacques Rousseau, do qual se tornaria, em 1932, codiretor, junto a Claparède e Bovet. Em 1929, ele assumiu junto às demais atividades o cargo de diretor do Bureau Internacional de Educação e, a partir de 1936, passou a ensinar Psicologia Experimental em Lausanne uma vez por semana.

Neste período, Piaget dedicou-se, essencialmente, ao estudo das primeiras manifestações da inteligência, desde os esquemas sensório-motores até as formas elementares da representação, da imitação e do pensamento simbólico.

As observações que deram origem a seus livros foram extraídas de sua vida familiar diária. Eram estudos longitudinais, conduzidos com muito rigor, sobre cada um de seus três filhos. Evidentemente, não coetâneos, mas seguem uma orientação comum. Do ponto de vista metodológico, trata-se de um regresso à observação pura, criticada por Piaget, devido à impossibilidade de usar-se a conversação livre, muito cedo, porque ainda não está instalada a linguagem oral.

A leitura das observações mostra como elas foram conduzidas como verdadeiras experiências, com hipótese explícita, variação sistemática das condições, etc. Em 1947, no prólogo da 3ª edição de Le jugement et le raisonnement chez l'enfant, Piaget usa a expressão método crítico, dizendo que ele "consiste em conversar livremente com o sujeito, em vez de limitar-se a perguntas fixas e estandardizadas e conserva, pois, todas as vantagens de uma conversa adaptada a cada criança e destinada a permitir-lhe o máximo de tomada de consciência e de formulação de suas próprias atitudes mentais".

As observações feitas sobre a infância inicial realçam, pois, o método clínico ou crítico e vemos conjugadas nelas a plasticidade da observação aberta e o rigor do controle experimental. Embora não apareça a estatística, a investigação metódica usa os fatos sistematicamente classificados para demonstrar o corpo de hipóteses. As "ideias centrais" ocupam um reduzido número de páginas enquanto a documentação anedótica e a demonstração do raciocínio experimental são bem amplas.

Os livros que resumem essas observações são *La naissance de l'intelligence chez l'enfant* e *La construction du réel chez l'enfant*, publicados, respectivamente, em 1936 e 1937. Ambos tratam do período sensório-motor, durante o qual se elaboram as estruturas lógicas de toda atividade. No plano epistemológico, esta fase se reveste de especial importância, pois é a partir dela que, através de formas cada vez mais hierarquizadas e complexas, a inteligência infantil evolui até o nível da inteligência do adulto. Era, pois, necessário verificar como se constitui esta primeira forma que assume a inteligência da criança, fazendo o inventário de suas aquisições dia a dia.

C – Etapa de desenvolvimento e formalização do método clínico

Em 1940, tendo morrido Claparède, Piaget assumiu a cadeira de Psicologia Experimental e tornou-se diretor do Laboratório de Psicologia. Passou a dirigir os Archives de Psychologie junto com Lambercier e André Rey. Suas atividades no Bureau Internacional da Educação ampliam-se com a fundação da Unesco e ele é nomeado, pelo governo suíço, presidente da Comissão de seu país, tendo sido enviado em missão a Beirute, Paris, Florença e Rio de Janeiro. Tornou-se, também, membro do Conselho Executivo da Unesco. Ainda em 1940, Piaget foi eleito presidente da Sociedade Suíça de Psicologia e coeditor da *Revista Suíça de Psicologia*. Em 1945, ele foi indicado para substituir Merleau-Ponty na Universidade de Paris. Várias instituições lhe conferiram honrarias: em 1936, Piaget recebeu o título de Doutor Honoris Causa da Universidade de Harvard, em 1940, da Sorbonne, em 1949, da Universidade de Bruxelas e, em 1950, da Universidade do Rio de Janeiro. Finalmente, ele se tornou membro da Academia de Ciências de Nova York.

Durante o período de guerra, Piaget aumentou significativamente o número de suas publicações, temendo não concluir seu trabalho antes que a situação internacional voltasse a se acalmar.

Até esta ocasião, os estudos de Piaget tinham por objetivo a inteligência pré-verbal e verbal. Em 1947, no prólogo da 3ª edição de Le jugement et le raisonnement, Piaget deixou clara a consequência metodológica desta abordagem: "O estudo do pensamento verbal da criança proporciona somente um dos aspectos do problema da construção das estruturas lógicas [...]. Renunciamos, pois, definitivamente, ao método de conversação pura e simples como consequência de nossas investigações acerca dos primeiros dois anos do desenvolvimento para adotar um método misto, cuja fecundidade, muito superior, temos vindo experimentando". A novidade é que, "em vez de analisar sobretudo as operações simbólicas do pensamento, partiremos das operações efetivas e concretas: ação em si. Não prescindiremos da linguagem, mas, no caso dos pequenos, só interviremos em função da ação íntegra, a mais espontânea possível".

O que se torna evidente é que não é tanto o método que se transformou, mas a problemática. Desde então o objeto de pesquisa é uma lógica de operações concretas, que está além das organizações sensório-motoras elementares e aquém da lógica formal, completamente verbal, descobertas por volta de 11-12 anos. Entretanto, os princípios fundamentais da interrogação clínica permanecem intactos, mas não se usa apenas a conversação oral.

As grandes obras de Piaget sobre o número, as quantidades físicas, o tempo, a velocidade, o espaço, a probabilidade foram elaboradas dentro desta perspectiva. Os trabalhos foram desenvolvidos, geralmente, em colaboração com as senhoras

Szeminska e Inhelder e as provas requeriam apenas um material rudimentar que se prestava a muitas investigações.

O período de 1940-1955 assinalou o apogeu do método crítico, embora não marque sua invenção. O sentido qualificativo "crítico" nem sempre é, contudo, bem compreendido. O interesse principal, neste caso, não é que a criança responda sim ou não às questões que lhe são apresentadas; importante é apresentar-lhe argumentos de outras crianças de sua idade e pedir-lhe a opinião ou pedir-lhe que use outro procedimento para confirmar sua resposta. Essas sugestões e contrassugestões verbais não devem ser extraídas da lógica do adulto, mas de inferências e expressões coligidas em crianças da mesma idade ou de idades bem próximas. O método é crítico, portanto, devido à sistemática controvérsia das afirmações do sujeito, não para medir a solidez de suas convicções, mas para captar sua atividade lógica profunda e a estrutura característica de certo estágio de desenvolvimento.

Logo, a novidade metodológica deste 3º período consiste na convergência de um método experimental com um método dedutivo. A formalização dos resultados obtidos por Piaget iria desembocar em duas espécies de sínteses: uma psicológica, que está em *La psychologie de l'intelligence* (1947), e outra lógica, contida em *Classes, relations et nombres* (1942) e no *Traité de logique* (1947).

A partir desta época, o método crítico adquire seu sentido heurístico e experimental. As hipóteses que a interrogação crítica porão à prova já não serão produtos de intuições ou de hábeis especulações; elas serão engendradas a partir de um modelo que fixa, no mínimo, sua plausibilidade, e permite dar aos fatos um sentido não contingente. O maior benefício deste duplo avanço – clínico e dedutivo – ficou bem assinalado no livro de Piaget e Inhelder intitulado *De la logique de l'enfant a la logique de l'adolescent*, cujo prólogo nos traça sua história metodológica.

É também neste período que conheceram um grande desenvolvimento as investigações sobre as percepções, feitas em colaboração sobretudo com Lambercier e publicadas desde 1942 nos *Archives de Psychologie*. Tais pesquisas contribuíram para esclarecer alguns problemas relativos à inteligência, devido à confrontação dos modelos aplicáveis aos processos cognitivos, por um lado, e aos mecanismos perceptivos, por outro.

Como a medição das ilusões perceptivas é feita de acordo com as clássicas técnicas gerais do laboratório, Lambereier e Piaget tiveram de adaptá-las às crianças, e a esta adequação chamaram método concêntrico clínico.

A relação dos trabalhos publicados é bem extensa e alguns merecem especial realce: em 1941, foram publicados *La genèse du nombre chez l'enfant* (coautoria com A. Szeminska); *Le développement des quantités physiques chez l'enfant* (com B. Inhelder) e um artigo nos *Archives de Psychologie* sobre *Le mécanisme du développement mental et les lois du groupement des opérations*. Em 1942, publicou *Classes, relations et nombres*.

Em 1946, foram publicados os livros *La formation du symbole chez l'enfant; Le développement de la notion de temps chez l'enfant; Les notions de mouvement et de vitesse chez l'enfat*. La psychologie de l'intelligence foi publicado em 1947, enquanto *La représentation de l'espace chez l'enfant* (coautoria com B. Inhelder) *e La géométrie spontanée de l'enfant* (com Szeminska e Inhelder) foram publicados em 1948. No ano seguinte, Piaget publicou Traité de logique: *essai de logique opératoire*.

No Traité de logique, Piaget formalizou uma lógica operatória, tentando categorizar em termos lógicos as operações lógico-matemáticas concretas concernentes às classes aditivas e multiplicativas às relações, à combinatória, ou seja, às operações intraproposicionais e interproposicionais.

A obra *La psychologie de l'intelligence* foi escrita com base em conferências feitas por Piaget, em 1942, no College de France e hoje pode ser considerada apenas uma introdução ao estudo das operações e à teoria de inteligência.

La formation du symbole chez l'enfant é um estudo de como a criança passa de uma inteligência sensório-motora, sem linguagem e sem representação, a uma inteligência representativa, essencialmente simbólica. A gênese da representação é estudada a partir das imitações. O pensamento simbólico é descrito como um pensamento que repousa em imagens mentais simbólicas. Sendo essencialmente intuitivo, por ele se explicam o egocentrismo e suas manifestações.

Em La causalité physique chez l'enfant, Piaget usou o método clínico quase em seu aspecto final. Segundo ele, este método crítico "consiste em conversar livremente com a criança em lugar de limitar-se a questões fixas e padronizadas [...] ele se restringe a introduzir questões e discussões no decurso ou depois de manipulações dos objetivos que suscitam uma ação determinada da parte do sujeito".

O método permanece clínico, mesmo se se quer crítico ao exigir da criança que justifique suas ações e interpretações e ao tentar seguir as variações do pensamento, num contexto mais definido, uma vez que lida com material concreto, destinado a revelar uma conduta lógica precisa. Segundo Vinh-Bang, "o emprego do material se torna clínico ou crítico, em vez de ser uma simples conversação oral". É isto que se observa na Genèse du nombre. Nesta obra, o que constitui objeto de estudo são as construções lógicas elaboradas entre o período sensório-motor e o lógico-formal.

Em 1952, Piaget foi nomeado professor da Sorbonne, onde passou a ensinar Psicologia Genética até 1963. Esta experiência de trabalho e o clima universitário francês são narrados em seu livro Sagesse et illusions de la philosophie.

A partir de 1950, Piaget publicou os seguintes trabalhos: Introduction à l'epistémologie génétique, em três tomos; La genèe de l'idée de hazard chez l'enfat (com B. Inhelder) e Essai sur les transformations des opérations logiques, publicados, respectivamente, em 1950, 1951 e 1952.

D – Etapa dos desenvolvimentos recentes (a partir de 1955)

Dois acontecimentos marcam significativamente este período: um é o desenvolvimento dos Estudos de Epistemologia Genética, a partir de 1956. Em outubro de 1955, com verba da Fundação Rockefeller, foi possível criar, em Genebra, o Centro Internacional de Epistemologia Genética.

Embora, em 1949-1950, Piaget já tivesse escrito sua célebre Introdução à epistemologia genética, foi a partir do centro que se tornou possível reunir, regularmente, numa pesquisa que une o exame teórico à análise experimental, uma equipe interdisciplinar em que lógicos, matemáticos, físicos, biólogos e psicólogos têm a oportunidade de confrontar, diariamente, suas opiniões, seus problemas e métodos de pensamento. Os simpósios anuais e os contatos mantidos contribuíram grandemente para aumentar o público da psicologia genética e aprofundar seus métodos e sua reflexão. Além disso, os investigadores genebrinos ganharam muito graças ao contato com investigadores de outras disciplinas e nacionalidades, formados em outras escolas.

O segundo acontecimento é a reaparição, em *La genèse des structures logiques élémentaires* (1959), dos quadros numéricos. No prólogo, os autores dizem: "Como frequentemente tem-se suspeitado que escrevemos livros e construímos teorias a partir de 10 a 20 casos individuais, vamos expor o detalhe de nossos quadros estatísticos e do efetivo de nossos sujeitos de experiência". Foram interrogadas 2.159 crianças, em oito anos de trabalho, com 18 colaboradores; e apresentados 25 quadros de porcentagem e um esboço de bibliografia (que é rara nestes trabalhos).

Na verdade, os autores não se iludiam; esta inovação não constituía, provavelmente, um progresso. Maliciosamente, diziam os autores em seu último livro sobre *L'image mentale*: "E é até conveniente esclarecermos que não acreditamos em nenhum desses quadros de frequência. O sentido de nossos quadros consiste, pois, simplesmente, em informar ao leitor".

De qualquer modo, as investigações posteriores têm características bem diferentes dos dados colhidos graças à interrogação verbal – em *Les mécanismes perceptifs* (1961), os dados utilizados são desenhos, representações, fenômenos diretamente mensuráveis. Não se pode esquecer, também, que o estudo sobre as estruturas lógicas elementares retoma, em boa parte, experiências realizadas há muito tempo atrás, amplamente provadas pelo uso clínico e, também, cabalmente teorizadas.

Dentre as obras publicadas neste período distinguem-se os *Études d'épistémologie génétique*, que, durante anos, relataram as experiências do centro, desde 1956; *De la logique de l'enfant à la logique de l'adolescent*, *La genèse des structures logiques élémentaires* e *La psychologie de l'enfant*, todos em coautoria com B. Inhelder e publicados, respectivamente, em 1955, 1958 e 1966.

Em 1961, foram publicados os livros *Les mécanismes perceptifs* e *Modèles probabilistes, analyse génétique, relations avec l'intelligence*; 1965 foi o ano da publicação de *Sagesse et ilusions de la philosophie*. *Logique et connaissance scientifique* e *Biologie et connaissance* são seus livros de 1967, enquanto *Le structuralisme* foi publicado em 1968, e *L'épistémologie génétique*, em 1970. Entre 1963 e 1970, foram publicados os oito tomos do *Traité de psychologie expérimentale*, sob sua direção e de Paul Fraisse.

Neste momento, pode-se dizer que a psicologia genebrina dispõe de um contexto teórico, fundado num modelo lógico e na experimentação, o qual, de um lado, permite aos pesquisadores focalizar a apreensão dos processos cognitivos em quadros bem definidos e, de outro, permite aos psicólogos clínicos proceder a investigações clínicas destinadas a fornecer-lhes o diagnóstico operatório. Assim, um número significativo de pesquisadores tem se orientado, nos últimos anos, para a psicopatologia, a partir do referencial teórico de Piaget, que continuou no quadro da epistemologia. A título de exemplo, devem ser citados os trabalhos de B. Inhelder sobre os débeis mentais, de Oléron, sobre os surdos-mudos, de Yvete Hatwell sobre cegos e as pesquisas de Ajuriaguerra em Genebra.

Por volta de 1972/1973 Piaget se aposentou do ensino universitário e passou a dedicar-se às suas pesquisas. Todas as segundas-feiras ele animava as reuniões do Centro de Epistemologia e, encontrando respostas às questões que se colocara inicialmente, foi cedendo, cada vez mais, espaço aos seus assistentes e colaboradores. Veio a falecer em 1980.

Visão crítica

Uma avaliação da teoria e da pesquisa de Piaget só pela extensão de suas contribuições já se apresenta muito ampla. Mais espaço, contudo, abre-se para a crítica devido ao método clínico, particularidade do trabalho piagetiano. Provavelmente, a repetição dos estudos piagetianos tem constituído o recurso através do qual especialistas do mundo inteiro tentam corrigir os defeitos metodológicos, dissipar suas dúvidas em relação aos aspectos teóricos do sistema e clarificar as conclusões de Piaget.

As críticas à construção teórica podem ser assim resumidas:
- assuntos de teoria e interpretação;
- assuntos de delineamento experimental e análise de dados;
- assuntos relativos à vinculação entre os dados e a teoria e interpretação.

No tocante à primeira categoria, observa-se na obra de Piaget certa instabilidade e imprecisão na definição dos conceitos, além de uma tendência conexa a deixar espaço entre a teoria e os dados empíricos, a ponto de distanciá-los. Relacionada a estes e a outros aspectos idiossincráticos de seu estilo teórico, observa-se que Piaget tende a exceder-se em suas elaborações teóricas, o que chega a tornar sua obra quase ilegível para a maior parte de seus leitores.

A segunda categoria de críticas é concernente aos aspectos do sistema, isto é, à maneira piagetiana de delinear e realizar um estudo, analisar seus dados e escrever acerca do que observou. Piaget não foi bastante claro sobre sua conduta nos experimentos; lendo-o, surgem dúvidas sobre quais os testes e procedimentos de indagação foram aplicados concretamente, quais as condições da prova, a quantos sujeitos foi administrada e quais os antecedentes destes sujeitos. Não tem sido possível estimar a medida em que suas expectativas pré-experimentais e predileções teóricas deram forma tanto à construção como à aplicação do sistema. A considerável variação de procedimentos de um sujeito para outro está de tal modo presente no trabalho de Piaget que se é levado a pensar que este investigador nos apresenta uma série de estudos-piloto sob a forma de um experimento formal e concluído.

Do ponto de vista do planejamento experimental, a pesquisa empírica de Piaget tem sido malcontrolada e mal descrita.

Finalmente, apresentam-se as críticas relacionadas à forma pela qual Piaget interpreta seus dados empíricos. Existe, em sua obra, uma tendência para apresentar uma quantidade de protocolos textuais para expor os processos estudados; as considerações feitas a partir destes protocolos estendem-se, às vezes, sobre perturbações insignificantes ou devidas ao acaso. O grau de incerteza dos que entram em contato com a interpretação dada por Piaget aos dados empíricos sugere que seus experimentos devam ser repetidos e confirmados por outras pessoas, antes que possamos estar absolutamente seguros quanto à amplitude de respostas da criança às situações experimentais, antes que possamos distinguir exceções e generalizações, antes de chegarmos a uma interpretação não visada da prova empírica.

Embora os estudos de Piaget indiquem questões importantes e apresentem hipóteses interessantes a respeito, eles não constituem, ainda, uma teoria psicológica rigorosa do desenvolvimento cognitivo.

A fundamentação multidisciplinar de sua pesquisa também representa uma limitação. A tentativa piagetiana de desenvolver teorias matematicamente rigorosas levaram-no aos domínios da matemática pura e ele afirmou que conceitos matemáticos estão estreita e virtualmente ligados aos processos cognitivos das crianças. Ao fazê-lo, ultrapassou a prova empírica e o seu próprio conhecimento intuitivo do pensamento das crianças e, por outro lado, afastou-se do desenvolvimento moderno da matemática.

O interesse piagetiano pela epistemologia nasce de suas preocupações de biólogo: a evolução, a interação com o meio, a gênese das estruturas. Em lugar de considerar a gênese histórica, a história das ciências, por exemplo, tal como fizeram outros filósofos, voltou-se para a ontogênese e preocupou-se em responder qual é a natureza da lógica e da matemática, qual o papel respectivo do sujeito e do objeto no conhecimento e outras questões essencialmente filosóficas. Considerou a lógica como uma axiomática da razão e a psicologia da inteligência como a ciência experimental correspondente, visto que a inteligência tem um processo evolutivo e passa por estados de equilíbrio, o último dos quais é precisamente a lógica. Sobre a natureza da lógica e da matemática, Piaget propõe a tese de que elas são o resultado mais geral da coordenação das ações e que o papel do sujeito é preponderante na construção das mesmas, enquanto o papel do objeto é muito mais importante na física. Este ponto de vista expõe não só a ambição epistemológica de Piaget, como o motivo de uma boa parte das críticas à sua teoria.

Piaget realizou a maior parte de sua obra original entre 1925 e 1960, época em que triunfam na psicologia o empirismo e o positivismo. O método experimental é considerado um estudo puramente factual do comportamento e as leis e teorias psicológicas são consideradas correlações entre fatos observáveis. Herdeiro de Janet, Wallon e dos gestaltistas, Piaget construiu pacientemente sua obra, quase impermeável à ideologia dominante. Submetendo-se a severa crítica, perseverou no uso do método clínico e, no tocante à problemática, abordou temas alheios à maioria dos psicólogos experimentais da época, consagrados ao estudo da aprendizagem associativa e à análise fatorial das aptidões.

Em suma, contra as concepções empiristas, que postulam que a conduta é essencialmente o produto da pressão do ambiente, contra o fixismo dos partidários de uma estrutura psicológica inata, Piaget elaborou uma posição evolucionista: o desenvolvimento é produto da interação de fatores externos e internos. De outra parte, valendo-se da imunidade política que seu país de origem possibilita, considerou que é dado ao psicólogo, enquanto homem, preocupar-se com os problemas sociais e assumir papéis políticos, mas não é indispensável fazê-lo enquanto cientista (EVANS, 1965), e evitou, durante sua vida, este tipo de envolvimento.

Inferências educacionais sobre a teoria de Jean Piaget

Jean Piaget não pretendeu construir uma teoria pedagógica; seus comentários sobre a educação restringem-se a alguns poucos textos de sua autoria – *Psicologia e pedagogia, Para onde vai a educação* e *Educar para o futuro*. Entretanto, muitos especialistas em Pedagogia têm se apropriado das ideias de Piaget e elaborado propostas bem definidas de ensino; entre esses, merecem destaque Hans Furth, Hans Aebli e Ruth Beard.

As inferências que tentamos fazer, neste texto, constituem nossa maneira particular de perceber a teoria piagetiana. Parece-nos oportuno começar lembrando quanto o método clínico usado por Piaget pode sugerir uma atitude extensiva à prática pedagógica. Segundo o epistemólogo suíço, "É difícil não falar muito quando se questiona uma criança, sobretudo se se é pedagogo! É tão difícil, principalmente, evitar ao mesmo tempo a sistematização devido às ideias preconcebidas e a incoerência devida à ausência de qualquer hipótese diretriz! O bom experimentador deve, com efeito, reunir duas qualidades frequentemente incompatíveis; saber observar, isto é, deixar a criança falar, nada tolher, nada desviar e, ao mesmo tempo, saber procurar algo de preciso [...] uma teoria [...] para controlar. É preciso ter ensinado o método clínico para compreender a verdadeira dificuldade"[4].

A extensão do método clínico às situações escolares pode ser interpretada como esta atitude de observação. Na realidade, os professores geralmente se mostram tão preocupados em ensinar, que não têm paciência suficiente para esperar que as crianças aprendam. Por isto, dificilmente aguardam as respostas da criança e com isto perdem a oportunidade de acompanhar, através de respostas espontâneas, a estrutura de raciocínio de seus alunos.

O modo clássico de intervenção do professor consiste em explicar como fazer cada cálculo, como resolver um dado problema, e também em dizer "está certo" ou "está errado". Estes procedimentos contrariam uma tese da psicologia genética que consiste em atribuir um papel primordial à atividade do sujeito no processo de construção do seu próprio conhecimento. Mesmo na escola que se diz ativa, as fichas de trabalho dirigido só permitem à criança uma forma de atividade subordinada à do adulto que as construiu. A criança, na realidade, não tem nenhuma oportunidade de tateio e pesquisa pessoal; sua atividade é dirigida, canalizada. É o professor quem explica, repete, questiona, responde às perguntas das crianças.

Uma educação que se fundamente na teoria piagetiana e que proponha uma atitude própria do método clínico repudia este modelo de intervenção do adulto e reserva o título de escola ativa exclusivamente para as estratégias de ensino que se baseiem na atividade do aprendiz.

---

4. PIAGET, J. *A representação do mundo na criança*. Paris: Alcan, 1926.

A única maneira de ser ativo, na perspectiva de Piaget, consiste em deixar que as crianças organizem suas atividades a partir de um objetivo mais ou menos preciso. Segundo os professores, isto leva a "perdas de tempo". Infelizmente, o que eles não percebem é que ao aprender verdades já estruturadas pelo adulto e apresentadas de maneira organizada pelo professor, para "ganhar tempo", o aluno perde a oportunidade de realizar suas próprias tentativas e estruturar seu próprio conhecimento.

O ideal seria que os professores adaptassem o material escolar em função do caminho intelectual do aluno. Para tanto, seria necessário compreender a criança, sua atividade, seu desenvolvimento, em outras palavras, seria preciso observar o aluno.

Outra tese piagetiana é que o desenvolvimento cognitivo é processo sequencial marcado por etapas caracterizadas por estruturas mentais diferenciadas. Em cada uma dessas etapas a maneira de compreender os problemas e resolvê-los depende da estrutura mental que a criança apresenta naquele momento. Seria, pois, necessário identificar, através de observação criteriosa, o momento do desenvolvimento que a criança está vivendo. O diagnóstico da estrutura cognitiva do aprendiz, que pode ser obtido através do uso das tarefas piagetianas, pode funcionar como sondagem da prontidão.

O ideal seria que, antes de introduzir um novo problema de aprendizagem, cuidássemos de levantar as operações (lógicas e infralógicas) necessárias à sua solução. Só depois de verificada a presença dessas operações teria sentido a colocação do problema, pois o sujeito teria condições para compreendê-lo e resolvê-lo.

Alguns autores têm discutido a possibilidade de acelerar o desenvolvimento através do exercício. O ponto de vista da escola de Genebra é que não se pode acelerar o desenvolvimento; pode-se, isto sim, facilitá-lo, através de atividades que gradualmente requeiram o uso das estruturas cognitivas que vão se apresentando.

É útil relembrar que cada estrutura cognitiva tem o seu momento próprio de aparecer. A interação adequada com o ambiente fará com que ela emerja e possa ser utilizada em toda sua plenitude. A perda deste momento parece-nos desastrosa, pois uma estrutura mental, se não exercitada no momento próprio, irá requerer, em etapa posterior, maior esforço tanto do sujeito em desenvolvimento quanto de quem pretende facilitar-lhe este processo.

Complementar à tese piagetiana de que o desenvolvimento é um processo sequencial marcado por etapas é a tese de que, embora a sequência do desenvolvimento seja a mesma para todas as pessoas, a cronologia é variável de pessoa para pessoa. Como exemplo, pode-se afirmar que, aos 5 anos, três crianças podem estar em níveis diferentes de desenvolvimento: pré-conceitual, intuitivo ou operacional concreto. No 1° caso, a criança precisará de jogos e atividades que devem preceder o desenvolvimento conceitual – areia, água, recipientes diversos – e exigirá atenção para que desenvolva as funções direcionais da fala.

Se a criança estiver no nível intuitivo, contudo, será preferível que usem jogos e atividades estruturados, capazes de levar à formação de conceitos simples e à aquisição de algumas aptidões.

Algumas crianças entre 5 e 6 anos podem já estar apresentando uma estrutura mental mais própria do período operacional concreto. Neste caso, elas já serão capazes de internalizar as ações e necessitam de prática no uso do repertório de conceitos que já dominam.

A discrepância observável em crianças como as citadas neste exemplo pode ser observada em qualquer faixa etária e a observação atenta do professor constitui o único recurso para se oferecer à criança o tipo de ensino do qual ela realmente necessita.

O desenvolvimento é processo global, que abarca as funções de conhecimento (cognitivas), as funções de representação e as funções afetivas. Esta tese piagetiana perdeu, nos últimos anos, sua força, devido à ênfase maior que a pesquisa de epistemologia genética deu ao desenvolvimento cognitivo. A ênfase, por sua vez, é devida ao interesse primordial de Piaget que era a evolução do conhecimento (epistemologia genética) e não o processo de desenvolvimento (psicologia genética).

O modelo psicogenético mais completo proposto por Piaget, em 1932, abarcava a relação entre as estruturas cognitivas e o desenvolvimento social. Nesta época, Piaget abordou a competência moral, que é a compreensão do caráter consensual das regras sociais, a competência linguística, que implica a capacidade de lidar com ideias abstratas e a relação que estes dois aspectos têm com a competência cognitiva.

O desenvolvimento cognitivo é, pois, um processo social; a interação com outras pessoas tem importante papel no desenvolvimento das operações lógicas. Logo, a cooperação influencia significativamente a visão do mundo do sujeito e lhe permite evoluir de uma perspectiva subjetivista para a objetividade. Costuma-se, por este motivo, falar de cooperação para se fazer referência a este processo de desenvolvimento das operações no convívio social.

A linguagem constitui o recurso através do qual a criança representa o mundo que vai percebendo; sua maneira de falar é condizente com sua estrutura mental, o que nos permite uma análise do desenvolvimento cognitivo através da fala. O convívio social, contudo, nos leva a alguns enganos; crianças que convivem com adultos ou crianças mais desenvolvidas costumam dar a impressão de que já apresentam estruturas mentais evoluídas, quando sua linguagem é apenas uma repetição da fala de outros, sem que haja compreensão. Assim, crianças que falam fluentemente nem sempre dominam os conceitos usados em seu vocabulário. Neste caso, deve-se dar-lhe a oportunidade de falar sobre o que faz, fazer suas próprias descobertas e discorrer sobre elas.

Pode-se facilitar a formação e desenvolvimento de conceitos e a expressão oral da criança solicitando-lhe que apresente verbalmente seu raciocínio durante o trabalho e aceitando declarações adequadas ao seu nível de desenvolvimento. A evolução da linguagem e do raciocínio se dão complementarmente, não se podendo afirmar que uma seja determinante de outra, mas que se interinfluenciam.

Finalmente, registramos uma inferência: a educação deve ser orientada para a autonomia. Ao analisar o desenvolvimento do julgamento moral, Piaget faz referência aos estágios pré-moral, de heteronomia e de autonomia. Este último seria o nível mais evoluído do desenvolvimento moral e a interação com o adulto é muito significativa para que se possa atingi-lo plenamente. Num momento em que a meta da educação é a formação de indivíduos autônomos, os educadores deveriam retomar a análise do desenvolvimento afetivo-social realizado por Piaget.

6.3 A teoria de Lev S. Vygotsky

O cenário

O período entre as duas grandes guerras teve como uma de suas marcas a consolidação da primeira república socialista – a União Soviética – e o surgimento do fascismo italiano e do nazismo alemão, que eram movimentos de extrema direita que perseguiam o objetivo de evitar a expansão do socialismo na Europa.

O cenário no qual são realizados os estudos de Vygotsky é a Rússia imediatamente após a Revolução de fevereiro de 1917, quando foi destruída a monarquia dos Romanov e instituído o governo provisório, presidido pelo príncipe Lvov, mas dirigido por Kerenski, que tinha um cargo equivalente ao de primeiro-ministro. Além do governo provisório, que mantinha o poder político, surgiu um governo constituído pelos sovietes de operários e camponeses revolucionários, que se reunia no Palácio de Táuridas, em Petrogrado. Essa dualidade de poderes complicava a consolidação da revolução, pois, enquanto o governo dos sovietes defendia os interesses da classe trabalhadora, que era muito explorada na Rússia, o governo provisório defendia os interesses dos burgueses e latifundiários. O proletariado russo estava enfraquecido pelos acontecimentos da Primeira Guerra Mundial, pois a convocação militar atingira em cheio os operários e parte da liderança revolucionária se encontrava no exílio. Muitos camponeses, que tinham grande atraso político, afluíram às fábricas e a outras empresas. Enquanto os mais pobres insistiam em buscar a paz, o governo provisório tentava concluir as reformas iniciadas pela Revolução de fevereiro e mantinha-se na guerra lutando ao lado dos aliados, apesar do alto nível do investimento.

O proletariado revolucionário era dirigido pelo Partido Social Democrático Operário (bolchevique) da Rússia, fundado por Vladimir Ilitch Lenin e na Revolução de fevereiro saiu da clandestinidade, com cerca de 40 mil militantes. A partir de março de 1917, o partido de Lenin desenvolveu um intenso trabalho de politização dos operários, camponeses, soldados e marinheiros, conclamando-os a constituir os sovietes. Foram, assim, formados os primeiros destacamentos da Guarda Vermelha, que participou ativamente da fundação dos sindicatos e comitês de fábrica, denunciando a natureza da guerra e pregando a paz. Quando aconteceu a Revolução Russa de fevereiro de 1917, Lenin estava exilado na Suíça, mas, devido a um acordo com o governo alemão, foi possível retornar à Rússia em 3 de abril, e a multidão mostrava-se ansiosa por ouvi-lo, quando chegou à Estação Finlândia, em Petrogrado. A revolução pretendida por Lenin ficou clara nas chamadas Teses de Abril, documento no qual ele denunciava a política exterior do governo provisório e propunha uma revolução socialista. As teses continham as seguintes propostas: término da guerra para salvar a revolução; tomada do poder pelos sovietes; trabalho ideológico junto ao Exército, à Marinha e aos camponeses; instituição da ditadura do proletariado e fundação do Estado socialista. Começaram a acontecer sucessivas crises políticas, durante as quais o governo provisório invadiu sindicatos, agrediu chefes bolcheviques, encurralou o presidente do partido e a 9 de julho o governo deu por terminada a dualidade de poderes, considerando os bolcheviques somente um apêndice do governo único, liderado por Kerenski. Foi então que os bolcheviques, liderados pelo General Kornilov, iniciaram um movimento contrarrevolucionário, destinado a derrubar o governo. Descoberto o movimento, Kornilov foi destituído do cargo de chefe supremo, preso e posteriormente fuzilado. No período compreendido entre março e outubro de 1917 o país mergulhou numa terrível crise econômica; fecharam-se mais de mil empresas, deixando 360 mil operários sem condições de sobrevivência. Em 24 de outubro, os combatentes da Guarda Vermelha se apoderaram das pontes que cortam o Rio Neva, em Petrogrado, e ali se instalaram; em seguida foram tomando as estações ferroviárias, a Agência dos Correios e Telégrafos e outros órgãos. As ordens do governo provisório já não eram mais obedecidas e Kerenski abandonou a cidade num carro da Embaixada dos Estados Unidos. Pouco depois Lenin declarou extinto o governo provisório e conclamou todos a participarem da instalação da ditadura do proletariado.

Iniciou-se, então, o esforço de toda a Europa para se resguardar contra o poder soviético. Por seu lado, os soviéticos lutavam para evitar as invasões de seus territórios e se organizavam cada vez mais, até que em 1918 começaram a vencer. Aos poucos os territórios conquistados iam aderindo ao comunismo e passando a constituir um grande país unificado. Toda a atenção passou a ser dada aos planos econômicos de construção do socialismo num único país e de reconstrução da economia nacional. No plano militar se consolidou o poder dos sovietes em todas as terras da Rússia. Foi então elaborada a NEP (Nova Política Econômica), da qual saíram os primeiros planos quinquenais, que lançaram os fundamentos da indústria de base soviética. As classes fundamentais eram os operários e os camponeses; os grandes proprietários de terras foram expropriados e suas terras divididas. Houve um investimento na industrialização, feito pelo Partido Comunista, único da União Soviética. No plano internacional, a Rússia ocupava o quinto lugar no mundo e o quarto na Europa pelo volume de produção industrial. Após a morte de Lenin, Stalin vem a substituí-lo como secretário-geral do Partido Comunista e passou a dirigir os destinos do país por longos anos.

Apesar de vitoriosa, a Revolução de outubro de 1917 tinha pela frente um país empobrecido pelo investimento feito na guerra, grandes massas de trabalhadores sem condições mínimas de vida, uma cultura atrasada em relação à maioria dos países europeus e grandes desafios advindos das condições climáticas do país. Na sociedade soviética, contudo, a ciência era extremamente valorizada e dela se esperava que emergissem as soluções para os problemas políticos e sociais que esmagavam o povo.

A partir do início da segunda década do século XX, os soviéticos começaram a rever as bases de todo seu conhecimento, procurando construir um sistema que fosse coerente com sua opção política, isto é, um corpo de conhecimentos fundamentado no marxismo. Nesse sentido, a teoria psicológica não poderia ser elaborada independentemente das demandas práticas do governo e era necessário que a produção científica desta área tivesse significado para a educação e para a medicina. É no bojo deste movimento renovador que Vygotsky emerge como um cientista que via a oportunidade de entender os processos mentais humanos e de estabelecer programas de tratamento e reabilitação. Estava, pois, no contexto de sua visão teórica desenvolver um trabalho numa sociedade que buscava meios de eliminar o analfabetismo e elaborar programas educacionais que maximizassem as potencialidades de cada criança. Há de se ressaltar que Vygotsky tentou construir sua produção científica na área de psicologia e de linguística a partir dos referenciais de Karl Marx.

O homem e a obra

Lev Semyonovitch Vygotsky nasceu em 5 de novembro de 1896, na cidade de Orsha, nordeste de Minsk, na Bielo Rússia. Seus primeiros estudos, referentes à escolarização primária, foram realizados em Gomei e concluídos em 1913, com medalha de ouro. Em 1917 graduou-se em Literatura na Universidade de Moscou e iniciou imediatamente sua pesquisa literária.

No período compreendido entre 1917 e 1923 foi professor de Literatura e de Psicologia em Gomei e fez diversas palestras sobre Literatura e Ciência. Além de ser criador da revista literária *Verask*, também o foi de um laboratório de psicologia no Instituto de Treinamento de Professores, onde ministrava um curso de Psicologia, posteriormente publicado na revista *Psicologia Pedagógica*.

Em 1923, apresentou seus trabalhos no Congresso Soviético de Neuropsicologia, e de tal modo impressionou os cientistas ali reunidos que foi convidado a desenvolver suas pesquisas em Moscou, para onde se mudou no ano seguinte. Nessa cidade, trabalhou, primeiro, no Instituto de Estudos das Deficiências, por ele criado. Paralelamente dirigiu um departamento de educação de crianças deficientes físicas e retardadas mentais em Narcompros e deu aulas no Instituto Pedagógico Estadual e no Instituto Pedagógico Hertzen, em Leningrado.

A partir de 1925, Vygotsky reuniu um grupo de cientistas da área de Psicologia interessados no estudo das anormalidades físicas e mentais. Na mesma época cursou Medicina no Instituto Médico de Moscou e depois em Kharkov, onde também deu um curso de Psicologia na Academia de Psiconeurologia da Ucrânia. Chegou a ser convidado para dirigir o Instituto Soviético de Medicina Experimental, mas, vítima da tuberculose, faleceu em 1934.

Alguns trabalhos científicos desenvolvidos por contemporâneos de Vygotsky exerceram grande influência sobre ele. Merecem realce os seguintes:

- Os estudos de Wolfang Kohler sobre a inteligência prática. Este autor, que inicialmente realizou seus experimentos com macacos antropoides, comparou os comportamentos por ele observados com alguns tipos de respostas emitidos por crianças.
- As pesquisas de Karl e Charlotte Buhler, que complementaram os estudos de Kohler e que levaram a concluir que o sistema de atividade da criança é determinado em cada estágio pelo seu grau de desenvolvimento orgânico e pelo grau de domínio no uso de instrumentos. O mesmo Karl Buhler estabeleceu, ainda, o princípio segundo o qual os primeiros esboços de fala inteligente são precedidos pelo raciocínio técnico e este constitui a fase inicial do desenvolvimento cognitivo.
- A abordagem feita por Shapiro e Gerke, que oferecem uma importante análise do desenvolvimento do raciocínio prático em crianças, baseando-se em experimentos realizados por Kohler. A noção de adaptação proposta por esses autores é a seguinte: a criança, à medida que se torna mais experiente, adquire um número cada vez maior de modelos que ela compreende. Esses modelos representam um esquema cumulativo refinado de todas as ações similares, ao mesmo tempo que constituem um plano preliminar para vários tipos possíveis de ação a se realizarem no futuro.
- Os estudos de Guillaume e Meyerson sobre o papel da fala na geração de formas tipicamente humanas de comportamento.
- As pesquisas realizadas por Ivan Pavlov, que davam realce às bases essencialmente fisiológicas do comportamento.

- O método experimental que passou a ser utilizado no estudo do comportamento após o trabalho de Wilhelm Wundt.
- O ponto de vista de Blonsky, segundo o qual o comportamento só pode ser entendido como história do comportamento.

Os manuscritos de Vygotsky foram, depois de sua morte, organizados por seus discípulos e publicados sob a forma de livros que, por este motivo, muitas vezes repetem as ideias principais deste autor. Entre seus trabalhos sobre psicologia e educação merecem destaque:

Problemas de educação de crianças cegas, surdo-mudas e retardadas, publicado em Moscou, pela Spon NKP, em 1924.

Métodos de investigação psicológica e reflexológica, relatório apresentado no Encontro Nacional de Psiconeurologia de Leningrado, em 2 de janeiro de 1924.

Psicologia pedagógica. Moscou: Casa de Publicações, 1926.

A lei biogenética na psicologia e na educação. Grande Enciclopédia Soviética, 1927.

Psicologia contemporânea e arte. Arte Soviética, 1927, n. 8.

Anomalias no desenvolvimento cultural da criança, relatório do Departamento de Defectologia, Instituto de Educação, Universidade Estatal de Moscou, 1928.

A pedologia da criança em idade escolar. Conferências 1-8, Universidade Estatal de Moscou, 1928.

Raízes do desenvolvimento do pensamento e da fala. *Ciências Naturais e Marxismo*, 1929, n. 3, p. 106-133.

Investigação experimental dos processos superiores do comportamento. Primeiro Encontro de Comportamento Humano, Moscou, 1930.

O problema do desenvolvimento da criança na pesquisa de Arnold Gesell. Moscou/Leningrado, 1932.

O problema da fala e do pensamento da criança nos ensinamentos de Piaget. Moscou/Leningrado, 1932.

Pensamento e linguagem. Moscou/Leningrado: Sozekgiz, 1934.

Pedologia da juventude: características do comportamento do adolescente. Lições 6-9. Moscou: Universidade Estatal de Moscou, 1935.

Há inúmeros outros manuscritos, muitos dos quais integram os livros que foram traduzidos para o português e que são facilmente encontrados no nosso meio.

6.4 As principais conclusões aplicáveis à educação

Alguns dos estudos realizados por Vygotsky têm particular interesse para a educação. Salientamos os três abaixo, por considerá-los os mais relevantes:

A importância da fala

Fazendo referência aos teóricos que estudaram a fala (W. Stern, Kohler, Shapiro e Gerken, entre outros), Vygotsky considera que nenhum deles reconheceu o imbricamento entre a fala e a inteligência prática. Para ele, "o momento de maior significado no curso do desenvolvimento intelectual, que dá origem às formas puramente humanas de inteligência prática e abstrata, acontece quando a fala e a atividade prática, então duas linhas completamente independentes de desenvolvimento, convergem" (VYGOTSKY, 1988, p. 27).

Colocando crianças numa situação experimental similar à utilizada por Kohler com macacos, em que elas devem utilizar instrumentos (emendar varas, por exemplo) para alcançar determinado objeto, Vygotsky observou que essas crianças não só agem, na tentativa de atingir seu objetivo, como também falam. Para ele, esta fala surge espontaneamente e continua quase sem interrupção durante todo o experimento e aumenta de intensidade sempre que a situação se torna mais complicada e o objetivo mais difícil de ser atingido. Esta observação permitiu a Vygotsky concluir que as crianças resolvem suas tarefas práticas com a ajuda da fala, assim como dos olhos e das mãos. Essa unidade de percepção, fala e ação, que provoca a internalização do campo visual, constitui o objeto central de qualquer análise da origem das formas caracteristicamente humanas de comportamento.

A partir do relato dessas conclusões, fica mais clara a importância atribuída por Vygotsky à linguagem egocêntrica. Para ele, essa linguagem tem um sentido intrapessoal (internalização da fala social) que estabelece um verdadeiro amálgama entre a história individual e a história social.

Além disso, ele realça a importância da linguagem egocêntrica também na idade adulta, pois considera que esta fala preside, determina e domina o curso da ação, permitindo à pessoa enfrentar a situação problemática e "exercendo uma função planejadora, além da função que já é própria da linguagem, que é refletir o mundo exterior" (VYGOTSKY, 1988, p. 31).

O relacionamento entre desenvolvimento e aprendizagem

Vygotsky considera que existem três concepções sobre a relação entre desenvolvimento e aprendizagem. A primeira centra-se na ideia de que os processos de desenvolvimento e aprendizagem são independentes. O aprendizado é considerado um processo externo, não envolvido ativamente no desenvolvimento. Ele simplesmente se utiliza dos avanços do desenvolvimento, mas não fornece impulso para modificar seu curso. Neste grupo de teóricos ele coloca Jean Piaget e Alfred Binet.

O segundo grupo teórico admite que aprendizado é desenvolvimento. Para este grupo, os ciclos de desenvolvimento e de aprendizagem ocorrem simultaneamente; aprendizado e desenvolvimento coincidem, da mesma maneira que duas figuras geométricas idênticas coincidem quando superpostas.

A terceira posição teórica tenta superar os extremos das duas anteriores, simplesmente combinando-as. Para Koffka, por exemplo, o desenvolvimento se baseia em dois processos inerentemente diferentes, embora relacionados, em que cada um influencia o outro – de um lado a maturação, que depende diretamente do desenvolvimento do sistema nervoso, e de outro o aprendizado que é, em si mesmo, um processo de desenvolvimento. Alguns pontos desta posição, que é a defendida por Vygotsky, merecem ser realçados. Um deles, de que os processos de maturação e aprendizagem, que constituem o desenvolvimento, não são mutuamente excludentes, mas complementares e interdependentes. Assim, o processo de maturação prepara e torna possível um processo específico de aprendizado; por outro lado, o processo de aprendizado estimula e empurra para a frente o processo de maturação. Outro ponto importante é que ele atribui ao aprendizado importante papel no desenvolvimento da criança. Deste modo, já que o processo de desenvolvimento progride de forma mais lenta e atrás do processo de aprendizado, resulta desta sequenciação o que ele denominou *zona de desenvolvimento proximal*.

A existência da zona de desenvolvimento proximal e a necessidade de estimulação

Vygotsky observou que a capacidade de crianças com o mesmo nível de desenvolvimento mental para aprender sob a orientação de um professor variava enormemente. Ele concluiu que essas crianças não tinham a mesma idade mental e que o curso subsequente de seu aprendizado seria, obviamente, diferente. Essa diferença é o que chamou de *zona de desenvolvimento proximal* e que corresponde "à distância entre o nível de desenvolvimento real, que se costuma determinar através da solução independente de problemas e o nível de desenvolvimento potencial, determinado através de solução de problemas sob a orientação de um adulto ou em colaboração com companheiros mais capazes" (VYGOTSKY, 1988, p. 97).

O nível de desenvolvimento real pode ser entendido como o conjunto de funções que já amadureceram, ou seja, os produtos finais do desenvolvimento. Se uma criança pode fazer algumas coisas independentemente, é porque as funções que possibilitam esta ação já amadureceram. A zona de desenvolvimento proximal caracteriza as funções que ainda não amadureceram, mas que estão em processo de maturação, que estão em estado embrionário. Tais funções podem ser estimuladas pelos educadores, delineando o futuro imediato da criança e o estado dinâmico de seu desenvolvimento.

Pode-se concluir que o estado de desenvolvimento mental de uma criança só pode ser determinado se forem revelados seus dois níveis: o nível de desenvolvimento real e a zona de desenvolvimento proximal, que representa o nível de desenvolvimento potencial.

Referências

ANTONY, James (1957). "The Systems Makers: Piaget and Freud". British Journal of Educational Psychologie, vol. 30, n. 4, p. 255-269.

BORING, Edwin G. et al. (1952). *A History of Psychologie in Autobiography.* Vol. 4. Nova York, Greenwood, p. 237-265.

DEBESSE, Maurice & MIALARET, Gaston (1974). *Pedagogia comparada.* Barcelona: Oikos-Tau.

DOLLE, Jean Marie (1987). *Para compreender Jean Piaget:* Uma iniciação à psicologia genética piagetiana. Rio de Janeiro: Zahar.

ELKIND, David (1978). *Desenvolvimento e educação da criança:* Aplicação de Piaget na sala de aula. Rio de Janeiro: Zahar [Trad. Álvato Cabral].

EVANS, R. Piaget (1973). *O homem e as suas ideias.* Lisboa: Socicultur [Trad. Maria Luiza Osório de Castro].

FLAVELL, John H. (s.d.). *La psicologia evolutiva de Jean Piaget.* Buenos Aires: Paidós [Trad. Marie Thérèse Cevasco].

GEBER, Beryl A. (1979). *Psicologia do conhecimento em Piaget.* Rio de Janeiro: Zahar [Trad. Pedro Dória].

HANS, Nicholas (1979). *Educação comparada.* 2. ed. São Paulo: Nacional [Trad. J. Severo de Camargo Pereira].

LURIA, Alexander R. (1986). *Pensamento e linguagem:* as últimas conferências de Luria. Porto Alegre: Artes Médicas [Trad. Diana Myriam Lichtenstein e Mário Corso].

LURIA, A.R. & YUDOVICH, F.I. (1985). *Linguagem e desenvolvimento intelectual na criança.* Porto Alegre: Artes Médicas [Trad. José Cláudio de Almeida Abreu].

LUZURIAGA, Lorenzo (1951). *A pedagogia contemporânea.* São Paulo, Nacional [Trad. Idel Becker].

PIAGET, Jean (1970). *Estruturalismo.* São Paulo: Difusão Europeia do Livro [Trad. Moacir Renato Amorim].

_____ (1966). "Autobiographie". *Cahiers Vilfredo Pareto,* n. 10, p. 129-159, Droz, Genebra.

_____ (1965). *Sagesse et illusions de la philosophic.* Paris: PUF.

ROBACK, A.A. (1962). History of Psychologie and Psychiatry. Nova York: Vision.

VERGNAUD, Gerard (1974). Validez de la obra de Jean Piaget. In: CLANET, Claude et al. *Dossier Wallon-Piaget*. Buenos Aires: Granica [Trad. Matilde Horne].

VYGOTSKY, Lev S. (1988). *A formação social da mente*. São Paulo: Martins Fontes [Trad. José Cipolla Neto, Luís S. Menna Barreto e Solange Castro Afeche].

_____ (1987). *Pensamento e linguagem*. São Paulo: Martins Fontes [Trad. Jeferson Luiz Camargo].

VTGOTSKY, Lev S.; LURIA, Alexander R. & LEONTIEV, Alexei N. (1988). *Linguagem, desenvolvimento e aprendizagem*. São Paulo: Ícone [Trad. Maria da Penha Villalobos].

VINH-BANG (1970). El método clínico en psicologia del nino. In: AJURIAGUERRA, Julian et al. *Psicologia y epistemologia genética*: temas piagetianos. Buenos Aires: Proteo.

WEREBE, Maria José G. & NADEL-BRULFERT, Jacqueline (1986). *Henri Wallon*. São Paulo: Ática.

7
A Psicologia da Educação no Brasil

A aplicação da Psicologia à Educação é ainda recente em todo o mundo e no Brasil a institucionalização desta área de estudos é produto de nosso século. A falta de um distanciamento no tempo dificulta a análise histórica, mas, dentro de alguns limites, pretendo iniciá-la.

O desenvolvimento de qualquer ciência só pode ser compreendido se o mergulhamos em determinações políticas, econômicas e sociais. Tratando-se de uma ciência aplicada à educação, tem-se de levar em conta não apenas o processo histórico da ciência, mas também o caráter da educação como fenômeno que ocorre em determinada sociedade, num momento determinado de sua história.

Algumas colocações devem preceder esta análise:

- Ao abordar o desenvolvimento da Psicologia da Educação, estarei abordando, conjuntamente, o discurso teórico, técnico e de pesquisa nesta área.

- Tratando-se de uma área de aplicação da Psicologia à Educação, especialmente à educação formal, exercida através de instituições escolares, a análise reflete as relações entre a escola e a sociedade.

- Como país capitalista subdesenvolvido, o Brasil tem se apropriado da teoria e da técnica de outros países desenvolvidos, graças ao que Berger (1983) denominou dependência, estendendo este conceito à problemática da educação. Temos de nos defrontar, portanto, com o conceito de subdesenvolvimento e a teoria da dependência, a fim de compreender o sistema educacional, onde a Psicologia tem sido chamada a atuar como instrumento de trabalho.

A teoria da dependência permite estudar a sociedade brasileira no panorama das relações econômicas internacionais. A situação de dependência consiste na internalização histórica, pelos países explorados economicamente e dominados politicamente, da exploração e dominação externas, que passam a ser vividas internamente.

Analisando as relações entre países desenvolvidos e subdesenvolvidos, a teoria da dependência realça que estas relações abrangem não só a dimensão econômica, mas também as dimensões política e sociocultural dos países dominados.

Entende-se, pois, que a situação de dependência repercute diretamente sobre a política educacional vigente nos países dependentes. Do mesmo modo, há um caráter de subserviência na importação que países subdesenvolvidos fazem da tecnologia e da ciência de outros países dos quais dependem. Assim se explica a condição subserviente de nosso sistema educacional à ciência e à tecnologia de alguns países desenvolvidos como os Estados Unidos da América e vários países da Europa, dos quais países do Terceiro Mundo têm se tornado consumidores dos bens culturais.

Tentarei identificar as tendências dominantes no estudo da Psicologia da Educação de nosso país, desde o momento em que esta área de conhecimento ganhou aceitação nos currículos de cursos destinados à formação de educadores até nossos dias.

A disciplina Psicologia da Educação só começou a ocupar lugar de destaque a partir de meados da década de 1920, quando os estados mais desenvolvidos do país implantaram suas reformas de ensino, com vistas à adoção dos ideais da Escola Nova. Até 1930, as reformas de ensino se processaram em nível estadual; apesar disto, a ação e as publicações dos educadores responsáveis por elas evidenciavam a influência de ideias vigentes na Europa e nos Estados Unidos e que, reunidas às vezes impropriamente, constituíram o que se convencionou chamar Escola Nova. Com a intenção de divulgar essas ideias surgiu no Rio de Janeiro, em

1924, a Associação Brasileira de Educação, que reunia educadores desejosos de sensibilizar o poder público e o povo para os problemas educacionais.

Nesta fase do desenvolvimento do capitalismo, os problemas ligados à divisão social e técnica do trabalho, à mobilização de contingentes populacionais para a área urbana, devido ao desenvolvimento industrial e o preparo da mão de obra, exigiam o redirecionamento do processo educativo.

O discurso oficial realçava as ideias democráticas que, por sua vez, incluíam os ideais de solidariedade e cooperação entre os homens. Esses ideais estão associados ao pensamento liberal e levam à conclusão de que as atividades individuais conduzem à harmonia, que se baseia na atividade livre de cada pessoa. O individualismo, associado a este momento do capitalismo, dava ênfase à autonomia individual, relegando a um plano secundário as circunstâncias sociais que cercam o homem.

A Psicologia da Educação na fase de sua implantação teve um caráter essencialmente individualista e veio integrar os currículos das Escolas Normais, tornando-se a base "científica" do novo modelo de ensino primário. Na realidade, a preocupação reformista concentrava-se nas quatro séries do ensino elementar e o objetivo da Psicologia da Educação era formar o professor capaz de conhecer a personalidade da criança e orientar sua aprendizagem.

A Psicologia foi, nesta fase inicial, essencialmente funcionalista, e da Europa recebemos a influência de Claparède, ao passo que os professores que estudaram nos Estados Unidos nos trouxeram a ideia de John Dewey, representante do funcionalismo americano. O experimentalismo europeu, representado em Psicologia pela pesquisa desenvolvida no Instituto Jean-Jacques Rousseau, de Genebra, marca também a linha de trabalho que se estabeleceu no Brasil nesta fase inicial. É, pois, no experimentalismo europeu e não no americano que se firmam as bases da Psicologia da Educação brasileira.

Na Europa, a Psicometria se desenvolveu a partir dos laboratórios de Psicologia Experimental. O modelo das ciências naturais inspirou o uso do controle na ciência do comportamento humano e foi nos laboratórios onde se buscavam leis universais aplicáveis aos fenômenos psicológicos que surgiu o interesse pelo diferenciável, logo, pela Psicometria.

Foi a busca de um padrão de normalidade que, na Europa, impulsionou o movimento de testes. Como fez em relação às outras tendências, o Brasil importou também esta e, graças a isto, os testes foram amplamente usados nas décadas de 1930 e 1940. Aplicados na escola, eles se prestavam à divisão normal-anormal, à enturmação e a prognósticos ousados sobre o sucesso escolar. Este uso abusivo dos testes tornava a Psicologia uma ciência capaz de explicar as diferenças individuais de aptidão, camuflando as desigualdades sociais ao apresentá-las como dificuldades psicológicas.

Dos professores que se aperfeiçoaram na Europa, recebemos principalmente a influência de Jean Piaget. O método clínico, usado por este cientista, tinha como objetivo opor-se ao método de testes e trabalhava com os "erros" das crianças, por considerá-los indicadores de uma estrutura mental própria daquele período de desenvolvimento.

A aplicação da teoria piagetiana à escola, da forma como era feita, reforçava ainda mais o individualismo e de certo modo era elitizante, pois, devido à complexidade desta abordagem, só professores bem preparados a compreendiam e podiam usá-la.

O movimento de implementação da Escola Nova durou de 1925 até a década de 1950. O escolanovismo não procurou refletir o processo de aprendizagem no contexto de uma estrutura de relações sociais. No período da ditadura (1930-1945), aliado ao trabalhismo de Getúlio, este movimento educacional facilitou a desmobilização das forças populares, transformando a educação em instrumento de consolidação e legitimação dos ideais da classe dominante.

Quando o governo provisório se instalou sob a presidência de Getúlio Vargas, tratou de criar uma infraestrutura administrativa que lhe assegurasse a confirmação dos princípios em que se fundamentava o regime. Criados os ministérios, foi indicado para o de Educação e Saúde Pública o mineiro Francisco Campos, que iniciou uma reforma de âmbito nacional que repetia a já anteriormente feita por ele em Minas Gerais. Para esta, o governo mineiro trouxe uma missão europeia, que implantou os princípios da Escola Nova.

Assim, pela primeira vez, uma reforma atingia profundamente a estrutura do ensino e era importante que pela primeira vez uma reforma era imposta a todo o território nacional (ROMANELLI, 1978). Embora, do ponto de vista prático, o movimento renovador já tivesse consistência, devido às reformas educacionais de São Paulo, Rio, Minas e Bahia, do ponto de vista teórico, ele ainda carecia de objetividade e misturava tendências diferentes. Assim, quando a Associação Brasileira de Educação se reuniu, em 1931, para a realização da IV Conferência Nacional de Educação, o governo solicitou aos participantes a elaboração das diretrizes para uma política nacional de educação. Foi nesta ocasião que os líderes do movimento renovador decidiram precisar seus princípios através do documento "Manifesto dos Pioneiros da Educação Nova", redigido por Fernando de Azevedo, assinado por 26 educadores brasileiros e dirigido ao povo e ao governo.

A Constituição de 1934 representou uma vitória do movimento e, em seu capítulo II – Da Educação e da Cultura –, apresentou total coerência com as reivindicações do manifesto; considerava a educação um direito individual que deve ser assegurado a todos, através da escola pública gratuita, obrigatória e leiga. Já a Constituição de 1937, fruto do Estado Novo, representou um retrocesso, pois em lugar de confirmar o dever do Estado de assegurar a todos a educação, proclamava a liberdade da iniciativa individual quanto à promoção do ensino. Em seu artigo 150, a Constituição estabelecia a limitação da matrícula à capacidade didática do estabelecimento e a seleção por meio de provas de inteligência e aproveitamento.

A ênfase dada aos testes psicológicos mostra o papel reservado à Psicologia Aplicada à Educação; não existia, ainda, uma preocupação maior com os problemas sociais ou esta preocupação era sufocada por interesses mais altos. O Estado Novo trouxe um regime conservador, no qual as ideias do movimento de renovação tinham de ser afastadas. Havia, assim, espaço para uma perspectiva psicológica da educação, mas não para uma perspectiva sociológica ou política.

A Segunda Guerra Mundial, iniciada em 1939, teve suas repercussões também. De um lado, houve um grande desenvolvimento dos testes psicológicos, amplamente usados pelos americanos, e o Brasil, já no final da década, importava esses testes e os utilizava. Do outro lado, à medida que na Europa se acentuava a derrota no nazi-fascismo, no Brasil aproximava-se o fim do Estado Novo, que era a versão brasileira do fascismo europeu.

Terminada a guerra em 1945, o descontentamento popular com o governo totalitário fez com que Getúlio, pressionado por todos os lados, convocasse eleições diretas e decretasse anistia para os presos políticos. Antes, contudo, que se realizassem as eleições, o ditador foi deposto por um golpe militar. Eleito um mês depois, o General Eurico Dutra fez um governo tranquilo e sem grandes realizações no período de 1946 a 1950.

A criação de faculdades de Filosofia e especialmente de cursos de Pedagogia pelo país, nas décadas de 1940 e 1950, davam novo impulso à Psicologia da Educação. A importação de livros e, a partir dos anos de 1950, o envio de professores à América do Norte para aperfeiçoamento, através de acordos celebrados entre os governos brasileiro e americano deram novo impulso à Psicologia da Educação.

Algumas evidências destas mudanças foram:
- a psicologia funcionalista de John Dewey, trazida pelos programas do ponto IV, determinou um modelo pragmatista de educação adotado em escolas-modelo e subsidiado pela psicologia;
- os textos de Clark Hull, Skinner e outros deram aos especialistas em Psicologia da Educação a segurança da fundamentação científica de seu trabalho, e assim chegou até nós o experimentalismo segundo os padrões positivistas;
- durante a Segunda Guerra Mundial, os Estados Unidos tiveram um grande desenvolvimento da Psicometria, instrumento que os auxiliou em muitas decisões. Após este período, o Brasil im-

portou muitas dessas ideias e, além de criar órgãos especializados para desenvolvê-las (o Isop do Rio e o Sosp de Minas constituem exemplos), usou-as amplamente na área de Educação;
- as primeiras publicações de Carl Rogers começam a chegar ao Brasil, mas isto ainda se faz de maneira bastante acanhada.

A primeira tendência – o modelo de John Dewey – apresenta uma psicologia estreitamente relacionada aos procedimentos da sala de aula. Representava a preocupação com o desenvolvimento do raciocínio da criança, a avaliação, as estratégias de ensino que preparam para a vida e, de modo especial, para a vivência democrática.

O modelo combinava bem com o discurso oficial. Saído de 15 anos de ditadura, o Brasil iniciava, no governo de Dutra, uma nova fase, retornando à normalidade democrática. Consolidando este novo momento, a Constituição de 1946 assegurava liberdade de pensamento, de imprensa e de religião, e considerava que o amparo à cultura e a educação gratuita para todos eram deveres do Estado. Como se vê, a Constituição de 1946 aproximava-se muito da de 1934, que era inspirada nos princípios defendidos pelos pioneiros, que eram de inspiração liberal democrática. Ainda em 1946, a Lei Orgânica do Ensino Primário definiu o interesse do governo federal em traçar diretrizes nacionais para este nível de ensino, antes ligado à administração estadual. Também o Ensino Normal foi reestruturado graças a uma Lei Orgânica, e criaram-se os Institutos de Educação, nos quais a Psicologia da Educação foi ciência fundamental. As ideias de John Dewey, aliadas à proposta do ensino ativo, encontraram nos cursos de formação de professores dos Institutos de Educação seu local privilegiado.

Os estudos do comportamentismo americano, profundamente marcados pelo positivismo, apenas se anunciam na educação. Por ora, são assimilados os fundamentos da teoria, associados à fala de seu iniciador, J.B. Watson, segundo o qual o papel do ambiente é decisivo na determinação do futuro das pessoas.

A aplicação do comportamentismo teve lugar primeiramente na empresa, onde os treinamentos constituíam, sobretudo, tentativas de condicionar as pessoas a responderem da forma desejada.

A Psicologia Experimental segundo o modelo americano, que se instalou no ensino das faculdades de Filosofia em meados da década de 1950, preparou terreno para a tecnologia educacional que foi amplamente aceita nos anos 1960, fundamentada principalmente nos trabalhos de Skinner.

Os grandes centros urbanos – Rio, São Paulo, Minas – foram os responsáveis pela divulgação da 3ª tendência da Psicologia neste período – a Psicometria. Trazidos dos Estados Unidos, os testes eram utilizados para diagnóstico da inteligência, para sondagem de aptidões, avaliação de interesses. Tornou-se necessária até mesmo a criação de instituições especializadas em lidar com estes instrumentos.

Nas escolas, o uso dos testes se prestava ao diagnóstico de dificuldades e apresentavam para as dificuldades de desempenho escolar a justificativa do baixo nível de inteligência, sem levar em conta as condições socioeconômicas que permeiam os dois aspectos. Começava a implantar-se também a Orientação Educacional nas escolas de 2º grau e os testes seriam os instrumentos de trabalho mais usados para orientação vocacional ou elaboração de diagnósticos diversos.

Não se poderia compreender, pois, o ensino de Psicologia da Educação que não incluísse o estudo e a prática da Psicometria.

A 4ª tendência, bem mais diluída, é representada pelo interesse pela obra de Carl Rogers. Seu trabalho na área de Educação se iniciou nos Estados Unidos na década de 1940, mas foi em meados dos anos 1950 que alguns estudiosos foram despertados para suas ideias. O uso mais amplo dessas ideias, contudo, só encontrou seu espaço próprio alguns anos mais tarde.

Uma referência ao contexto sócio-econômico-político é útil antes de retomar a análise do desenvolvimento da Psicologia da Educação.

Em novembro de 1948, deu entrada na Câmara Federal o anteprojeto mais debatido da educação brasileira, que só veio a transformar-se na Lei de Diretrizes e Bases da Educação Nacional (Lei 4.024) em dezembro de 1961.

Durante os 13 anos de tramitação do projeto na Câmara Federal, diversos acontecimentos políticos importantes tiveram lugar. O governo Dutra, que não representou propriamente uma oposição a Vargas, possibilitou o retorno deste ao poder através do voto popular. Isto representava a união da burguesia industrial, que aspirava a continuidade da política do Estado Novo, com as camadas populares que haviam sido contempladas, no tempo da ditadura, com a legislação trabalhista e a previdência social.

Dois anos após sua posse, Getúlio Vargas foi muito pressionado para deixar o poder e acabou se suicidando em 1954. A este momento seguiram-se golpes e contragolpes, que deixavam clara a luta ideológica em torno dos rumos do desenvolvimento econômico. Finalmente foi eleito Juscelino Kubitscheck de Oliveira, cujo governo foi marcado por certo otimismo e caracterizado pela ideologia desenvolvimentista. Do ponto de vista político, dava-se continuidade ao populismo e do ponto de vista econômico foram abertas as portas ao capital estrangeiro e à implantação das multinacionais.

As contradições do desenvolvimento brasileiro, acentuadas durante o governo de Juscelino, dificultaram as possibilidades de sustentação dos dois governos seguintes: Jânio Quadros se manteve no poder por sete meses, renunciou e foi substituído pelo vice-presidente João Goulart, herdeiro político de Getúlio.

Juscelino foi o único presidente civil que nos últimos 60 anos chegou a concluir seu mandato. Realizou obras como Brasília, rodovias que cortavam o país de norte a sul, fábricas de automóveis. Isto representava um aumento da dívida externa, mas as consequências mais sérias só viriam a ser sentidas anos mais tarde.

Embora não tivesse acesso à estrutura do poder, o povo tinha liberdade de expressão e nas universidades a discussão estabelecida requeria o conhecimento de Sociologia e Política, que disputavam o cenário com a Psicologia.

O curto prazo do governo de Jânio Quadros e o desfecho de seu mandato, logo seguido da difícil posse de João Goulart, ampliaram o nível das discussões, e nas escolas se instalou um espaço crítico por excelência.

Durante o governo de Goulart, as esquerdas tiveram uma atuação bem evidente, mesclando-se ao populismo e à política de massas. O presidente, permanecendo numa postura ambivalente entre esquerda e direita, não teve o apoio das Forças Armadas, que a 31 de março de 1964 vieram a depô-lo.

Quanto à educação, os anos do governo Goulart foram marcados pela implantação da Lei de Diretrizes e Bases, promulgada em 1961. Seus autores estavam ideologicamente ligados à velha ordem social aristocrática e não ao novo modelo do capitalismo em fase de implantação no seio da sociedade e da economia brasileiras. Esta defasagem entre nossos sistemas educacional e econômico fez com que o fracasso da nova lei já fosse uma realidade quando irrompeu a Revolução de 1964.

No período que vai de 1964 a 1968, quando se implantou o novo regime, foram traçados os rumos da política de recuperação econômica, houve uma redefinição do jogo político, representada pelo esforço do poder executivo e pela cessação do protesto social graças a intenso controle feito pelo Conselho de Segurança Nacional.

Houve repressão e contenção dos movimentos estudantis, ao mesmo tempo em que aumentava a demanda social da educação, o que levava ao estrangulamento a crise do sistema educacional brasileiro. Este período em que o regime militar pós-revolucionário impôs suas regras de funcionamento foi o mais tenso do ponto de vista político-social. Os atos institucionais visando conter as manifestações de desagrado, prisões de pessoas que expressassem discordância em relação às medidas tomadas pelo governo e inquéritos a que as pessoas eram submetidas compunham o quadro repressivo desse momento.

Como se depreende do exposto, houve, a partir de 1964, uma ruptura dos canais de participação política e a pretensa participação na estrutura do poder, que antes já era garantida a bem poucos, foi totalmente eliminada a partir do sistema do governo militar.

O sistema educacional viveu as consequências deste momento de diferentes modos. De início, os convênios assinados entre o MEC e a Usaid (United States Agency for International Development), para assistência técnica e cooperação financeira à organização do sistema educacional, encontraram justificativa nessa crise. A reforma do ensino, iniciada pouco depois com vistas à adequação do modelo educacional ao modelo de desenvolvimento econômico, contou com a ingerência dos agentes americanos.

O magistério de ciências humanas foi também afetado pelo ambiente político pós-revolucionário.

A década de 1960 começou com o início dos cursos de Orientação Educacional (ainda considerados de pós-graduação) e a criação dos cursos de formação de psicólogos. Pode-se dizer que em nosso país não foi a psicologia aplicada que derivou da psicologia, mas foi a própria Psicologia, enquanto ciência e profissão, que derivou da Psicologia da Educação. Foi, portanto, entre os especialistas (professores de) em Psicologia Educacional que se buscou inspiração para os dois novos cursos.

A tendência dominante na fase inicial dos cursos foi a Psicologia Experimental que, voltada para os processos fisiológicos que constituem a resposta do organismo à estimulação do ambiente, aproximou a Psicologia da Biologia. Coexistia com esta tendência a Psicometria, agora enriquecida pelos mais variados testes e com ampla aceitação na seleção e adaptação do pessoal nas empresas.

Não é casual a emergência dessas tendências; elas transformavam o comportamento humano em uma variável que pode ser medida e até mesmo controlada em laboratório, o que neste momento era algo desejável.

Do ponto de vista sociopolítico, o Brasil vivia, no início da década de 1960, a consolidação da fase monopolista do capitalismo. As diversas empresas multinacionais instaladas no país requeriam mão de obra qualificada e apontavam a escola como responsável pelo despreparo do pessoal. O país valeu-se, então, do mesmo recurso usado pelos Estados Unidos, cujo desenvolvimento lhe servia de modelo; recorreu à tecnologia educacional, buscando a racionalização da educação de acordo com o mesmo modelo de racionalização empresarial.

A racionalização do processo produtivo iniciou-se, de forma sistemática, a partir da Teoria Geral da Administração, quando no final do século XIX o desenvolvimento do capitalismo exigiu o controle do processo produtivo. Após o período da chamada Administração Científica, a escola de Relações Humanas, reinterpretou o processo administrativo, identificando novas variáveis na busca da eficiência: as motivações individuais e a dinâmica das relações grupais.

A partir do movimento revolucionário de 1964, o novo modelo de desenvolvimento adotado pelo Brasil gerou medidas destinadas a racionalizar o processo produtivo e, depois, todos os setores da vida social.

A racionalização educacional foi representada no terreno administrativo pelas reformas do ensino superior (Lei 5.540/68) e do ensino de 1º e 2º graus (Lei 5.692/71).

No plano pedagógico, a racionalização representou um conjunto de medidas que refletiam os poderes exercidos pelo Estado e o sistema de controle do capitalismo. Afastados pelos militares do processo de participação política que apenas começara a se esboçar, as camadas populares foram obrigadas a silenciar e a escola foi a instituição que mais de perto experimentou a repressão da palavra. Os estudos sociopolíticos perderam seu espaço de discussão na escola e foram substituídos por disciplinas denominadas Estudos de Problemas Brasileiros e Organização Social e Política Brasileira, cuja seleção e controle de professores e programas ficava a cargo de órgãos do governo. A Filosofia foi praticamente eliminada dos currículos. A Psicologia sobreviveu a esta crise provavelmente porque lhe era possível desenvolver um discurso descompromissado com o social e o político e, ao mesmo tempo, capaz de justificar as desigualdades sociais e até preservá-las.

Foi, portanto, a Psicologia como instrumento ideológico da classe dominante que sobreviveu no período revolucionário. Durante pelo menos 15 anos, a Psicologia da Educação foi considerada a ciência mais importante na fundamentação da educação e privilegiada com uma carga horária significativa nos cursos.

Uma tendência que se delineou claramente nos cursos de Psicologia da Educação foi o comportamentismo americano. A orientação desta corrente dava abertura à tecnologia educacional, que buscava racionalizar o ensino através da definição operacional de objetivos, da escolha de estratégias de ensino mais eficazes, da avaliação objetiva. A adoção das ideias de Skinner para fundamentar este modelo se justifica pela manipulação do comportamento proposta pela teoria, neste momento desejável pela classe que estava no poder.

A outra tendência também visava a racionalização e foi tomada de empréstimo à área da Administração; trata-se do estudo da dinâmica de grupo e das relações humanas. Iniciada no âmbito da empresa, a tendência foi incorporada à Psicologia da Educação, passando a constituir instrumento de análise das relações no grupo/classe. Provavelmente, a análise da interação no interior da escola levava o psicólogo a concentrar sua atenção nas pessoas e nas relações intramuros, desapercebendo-se dos processos sociais que têm lugar na estrutura social mais ampla e que são reproduzidos no interior da escola.

A década de 1970, que assistiu ao amadurecimento do movimento revolucionário, trouxe para o campo da Educação outra influência da área da Administração – a Teoria de Sistemas, que também ofereceu sustentação à pedagogia tecnicista. O ensino de Didática abraçou a Teoria de Sistemas, que combinava com o modelo comportamental, já anteriormente acatado na definição de objetivos e na avaliação da aprendizagem.

Enquanto a tecnologia educacional de base comportamentista tinha na psicologia da aprendizagem de Skinner sua fundamentação, a tecnologia educacional baseada na teoria de sistemas pretendia oferecer uma alternativa não psicológica. Tanto a abordagem sistêmica quanto a comportamentista propõem uma visão do processo pedagógico que se baseia no controle como recurso para o atingimento de níveis mais elevados de eficiência e eficácia. Ambas baseiam-se no modelo positivista de ciência neutra e objetiva, o que torna compreensível sua adoção num momento político em que se pretendia negar a influência do social quer sobre a produção, quer sobre a apropriação da ciência.

A partir de 1973/1974, anunciou-se o processo de abertura política, que só se consolidou no final da década. A revogação dos atos institucionais, a anistia para os presos políticos e o retorno de vários exilados, a concessão de uma certa liberdade à imprensa são alguns dos eventos marcantes, aos quais se juntaram eleições para os estados e a possibilidade de pessoas cassadas virem a ser candidatas.

Os primeiros anos do processo de abertura política contaram com a reserva do povo que, acostumado ao sistema repressivo, evitava as manifestações públicas. Aos poucos, a expressão do descontentamento, as reivindicações populares, as críticas ao governo ganharam um caráter de espontaneidade por serem características do regime democrático.

A partir da recessão do modelo de desenvolvimento econômico, foi ampliada a participação de novos segmentos da população nos processos de decisão, o que justificou a política de distensão lenta e gradual. Em consequência, surgiram questionamentos sobre a escola e sua relação com a estrutura social. A Psicologia, que até então era a ciência mais adequada à fundamentação das questões do ensino, mostrou-se ineficaz quando foram encarados os problemas sociais ou institucionais. Partiu-se, então, em busca da contribuição da Sociologia, enquanto os críticos afirmavam que a Psicologia havia sido apenas o suporte ideológico da classe dominante para justificar seus posicionamentos sobre a educação.

Embora a década de 1980 esteja muito próxima para que se possa avaliá-la devidamente em termos de tendências dominantes em Psicologia da Educação, nota-se um redespertar do interesse pela teoria de Piaget e pela Psicanálise. O 1º caso se justifica pela dependência cultural, pois os Estados Unidos, dez anos antes, haviam decidido substituir o modelo comportamental de ensino por outro que desse espaço à criatividade e optaram pelo piagetismo. A Psicanálise, por sua vez, deixou de ser vista apenas como uma forma de psicoterapia e passou a ser encarada como referencial para reflexão sobre diversos problemas, inclusive sobre educação.

O percurso histórico que foi feito torna evidente que a ciência só pode ser apreendida e compreendida quando situada num contexto sócio-histórico-político, no qual também coexistem as instituições que dela se apropriam. É, pois, a configuração deste contexto que determina, em cada momento histórico, a hegemonia de uma das ciências auxiliares da Educação (Psicologia, Sociologia, Filosofia, etc.) em detrimento das demais. Também por isto, há sempre uma disputa entre estas ciências e o especificamente pedagógico. Isto favorece uma série de reducionismos, cuja falha consiste em isolar um aspecto da totalidade do ato educativo e em cima dele discutir o objeto da educação.

Parece-me oportuno, neste momento, restabelecer o equilíbrio do sistema, analisando a educação numa perspectiva multidisciplinar. Isto exigiria que cada ciência auxiliar da educação assumisse a área de sua competência, sem perder de vista a especificidade da situação educativa.

No tocante à Psicologia da Educação, é necessário percebê-la como área específica de estudos, com objeto e métodos de abordagem próprios. O ponto de partida consiste em explicitar os problemas educacionais cujas soluções se relacionam com a Psicologia e, a seguir, delimitar o campo de estudos e pesquisas desta área.

Neste sentido, a Psicologia da Educação é constituída por um corpo de conhecimentos obtidos através da investigação psicológica e capazes de facilitar a compreensão do indivíduo sob ação educativa e por uma área específica de pesquisa sobre os aspectos psicológicos do processo da educação.

A fim de definir o que deve ser hoje este corpo de conhecimentos e esta área de pesquisa, parece-me oportuno enumerar algumas críticas feitas nos últimos anos à Psicologia da Educação, enquanto ciência humana e enquanto ciência aplicada.

A primeira crítica diz respeito ao estatuto de cientificidade da Psicologia. A objetividade do conhecimento psicológico, assim como de todas as demais ciências sociais, vem sendo questionada; admite-se que é impossível construir uma ciência a partir do social sem que ela seja contaminada pela ideologia de quem produz o conhecimento.

Deve-se realçar, contudo, que a ciência é fenômeno social ou produto da sociedade e, como tal, precisa ser compreendida a partir de uma perspectiva histórica. Assim, a ciência sempre esteve relacionada a situações sociais bem definidas; como exemplo, no momento em que a Física se afirmava como ciência, esbarrou em obstáculos sociais, pois ameaçava os fundamentos da sociedade – Galileu foi obrigado a confessar seus "erros" e outros cientistas foram levados a vincular-se ao poder político.

Admitir a neutralidade da ciência é, pois, negar a influência ideológica sobre um produto social. O caráter ideológico dos estudos psicológicos não constitui, entretanto, motivo para se questionar sua cientificidade.

A segunda crítica diz respeito à condição de isolamento da Psicologia em relação às demais ciências humanas. A segmentação do saber em áreas tem a vantagem de facilitar o aprofundamento do estudo de problemas em sua especificidade, mas traz a desvantagem de impedir o entrecruzamento de temas que se complementam. Na verdade, as ciências humanas partilham o mesmo objeto de estudo – o homem – e se diversificam quanto à maneira de abordá-lo. Enquanto a Sociologia se ocupa do homem vivendo em grupos, das instituições sociais, a Antropologia estuda as culturas e seus aspectos diferenciais e a Psicologia se propõe ao estudo do comportamento humano. A abordagem do objeto de uma dessas ciências sem levar em conta as demais é sempre superficial e incompleta. Deve haver uma certa permeabilidade entre as diversas ciências, a fim de que a compreensão de seu objeto – o homem – faça-se de maneira completa, através do estudo interdisciplinar.

A terceira crítica se refere ao afastamento entre Psicologia e Filosofia. Os cientistas, na tentativa de preservar o campo de seu conhecimento, têm separado a abordagem científica dos fenômenos da reflexão filosófica sobre eles, criando um abismo intransponível entre esses dois campos de conhecimento.

Colocando-se sempre à frente de seus contemporâneos, Piaget, já em 1920, denunciou a obstinação das ciências sociais em afirmar cada uma sua independência, bem como a tentativa de se afastarem da Filosofia, da qual se tinham desvinculado recentemente. Para ele, a Psicologia tenta manter uma distância relativa da especulação filosófica, que ainda constitui uma ameaça à sua cientificidade.

Isolando-se da Filosofia e constantemente ameaçada de ser absorvida pelo imperialismo das poderosas ciências naturais, a Psicologia vive, em pleno século XX, a experiência da incerteza, que P. Greco assim define: "é a infelicidade do psicólogo nunca ter certeza de que faz ciência, e, se faz, não estar certo de que é Psicologia".

Todas essas críticas são feitas à Psicologia como ciência humana, que, como as demais, vive uma crise neste momento.

Uma séria crítica tem sido feita, mormente nos últimos anos, ao uso que se tem feito da Psicologia enquanto ciência aplicada à Educação. Realmente tem-se usado esta ciência para objetivos escusos; isto não constitui privilégio da Psicologia, mas algo que ocorre com todas as ciências.

Como instituição cultural e como atividade psicossocial, a Educação se propõe a perpetuar, sistematizar ou estabelecer modos de comportamento desejáveis e, por acréscimo, prevenir e evitar os indesejáveis. A Psicologia viria, segundo seus críticos, justificar os rumos da educação alegando razões científicas, que na verdade constituem ditames da ideologia dominante.

Exemplificando este tipo de uso do conhecimento psicológico, costuma-se lembrar que o estudo das diferenças individuais tem servido para explicar que a natureza dotou privilegiadamente a alguns e a outros desprivilegiou; este raciocínio, supostamente científico, transforma em desigualdades psicológicas as desigualdades sociais.

Numa perspectiva ampla, percebe-se um descompasso entre os objetivos manifestos e os objetivos latentes da Psicologia da Educação. Enquanto de forma explícita e manifesta a Psicologia se apresenta como uma ciência destinada a possibilitar o conhecimento do aprendiz e o respeito à sua individualidade, de forma latente, não publicável, ela constitui agente de mudanças na estrutura social conforme normas impostas pelo grupo detentor do poder ou recurso para sedimentar a estrutura vigente. Assim colocada, a contribuição da Psicologia para a educação passa a ser a predeterminação dos seres humanos segundo o modelo socialmente desejado, através da manipulação de controles.

Critica-se também a Psicologia Educacional pela abordagem individualizada que ela se propõe, especialmente quando, ao estudar o desenvolvimento humano, isola a criança, o adolescente ou o adulto do seu contexto social. A tradição biológica da Psicologia constitui, provavelmente, um dos maiores entraves para a inclusão do estudo do comportamento social dos indivíduos como objeto desta ciência. Enquanto na visão própria da Biologia o ambiente é visto como "natural", uma visão mais ampla nos encaminha a uma perspectiva interacionista, segundo a qual a relação entre o homem e o seu ambiente implica numa construção recíproca. Deste modo, o ser humano deve ser percebido como produto de sua relação com o ambiente e o ambiente como produto humano, portanto, basicamente social.

Nos últimos anos vem ocorrendo uma redução da importância dada à tradição biológica, naturalista, do processo de desenvolvimento e uma crescente ênfase vem sendo atribuída à dimensão histórica na análise dos fatos sociais.

Se até recentemente a Psicologia se contentava em compreender o comportamento de um indivíduo, conhecendo o que ocorre "dentro dele" quando se defronta com os estímulos do meio, ao privilegiar a dimensão histórica ela passa a admitir que tantos processos internos como estímulos do meio têm uma significação anterior à existência do indivíduo, que decorre da história da sociedade ou da cultura na qual ele nasce e vive. A abordagem puramente descritiva do desenvolvimento de uma criança ou adolescente universal tem ignorado a relação interativa do ser humano com o ambiente no qual ele vive.

Uma abordagem psicológica que pretenda oferecer uma compreensão completa do homem deve incluir uma macro e uma microanálise; enquanto a primeira deve constituir uma visão do contexto social, das estruturas e das relações, a segunda deve ser direcionada para o homem que age, sente, pensa e fala.

Nesta perspectiva ampla pode-se compreender que as determinações do contexto social atuam como mediações internalizadas pelo ser humano e que estão presentes no seu comportamento mesmo quando o tomamos isoladamente. Isto porque o indivíduo, na sua relação com o ambiente social, interioriza o mundo como uma realidade concreta e o exterioriza através de seu comportamento, num processo dialético.

Uma das maiores críticas que se pode fazer à Psicologia Educacional refere-se ao distanciamento entre seu conteúdo e a prática escolar, o que se explica, provavelmente, pelo fato de ela ter-se restringido ao contexto psicológico sem fazer uma aproximação do pedagógico ou do social. Este distanciamento tem sido responsável pela percepção que têm muitos professores de que o conteúdo de Psicologia da Educação exerceu pouca influência em sua formação e não é significativo para sua atuação.

Justificando esta crítica, tem-se verificado que a abordagem dos processos de desenvolvimento ou de adaptação, realizada segundo a tradição funcionalista ou humanista, inclui, geralmente, estudos e pesquisas processados numa realidade social não comparável à nossa.

A aprendizagem, considerada como um fenômeno estático (um produto) ou como um processo exclusivamente individual, não é analisada nos seus aspectos sociais. Na realidade, vivendo numa sociedade competitiva "aprendemos" a competir, a eliminar o comportamento de colaboração e nos voltamos totalmente para a avaliação. Da mesma forma, o diagnóstico e atendimento de distúrbios da aprendizagem e de dificuldades emocionais só têm sentido se levarmos em consideração os antecedentes sociais dos alunos com os quais se vai lidar na prática escolar. A abordagem da aprendizagem, segundo a perspectiva comportamentista, gestáltica ou cognitivista, feita de acordo com os padrões de culturas diferentes da nossa, pouca contribuição pode trazer ao exercício profissional do professor.

No tocante ao desenvolvimento, o seccionamento da vida humana em estágios teria, também, segundo os críticos mais severos, impedido um estudo da continuidade do desenvolvimento humano nos diversos momentos da vida. O sentido desta continuidade só pode ser captada na interseção da história individual com a história da sociedade.

Outra crítica diz respeito à transferência para a sala de aula de conclusões obtidas no laboratório, com animais ou mesmo com pessoas fora de seu ambiente natural.

Conforme Hilgard (1972), há um percurso desde a Psicologia pura até a Psicologia aplicada à educação, que passa da experiência em laboratório para a classe experimental e só após sucessivas confirmações chega à classe regular. Desrespeitando as etapas deste percurso, o educador corre o risco de perder, graças à generalidade, o respeito ao ser humano.

Há críticas ainda ao profissional que leciona Psicologia Educacional, que se tornou um "repetidor do que leu", quando se esperaria dele um questionamento crítico de sua leitura, o desenvolvimento sistemático de investigações, quer seja em torno de sua prática profissional, quer seja analisando os fatos cotidianos. O que se cobra do professor é uma atitude de pesquisador, que o coloque em permanente confronto com a realidade.

Se, em face dos obstáculos apresentados, rejeitarmos a Psicologia como uma das ciências que pode fundamentar a educação, poderemos nos preparar para receber a crítica de gerações de educadores que nos sucederão, pois teremos nos ocupado do social e esquecido do homem, enquanto ser singular.

A construção da subjetividade não pode ser ignorada no processo da educação, uma vez que o homem produz uma síntese de seu EU, na medida em que transforma, conscientemente, os objetivos sociais em objetivos particulares e, segundo Heller[5], desse modo, socializa sua particularidade. Em contrapartida, à medida que constrói a sua singularidade, um homem pode atuar sobre as condições objetivas da sociedade. Nisto consiste a visão dialética da educação; não há uma oposição entre o individual, constituído pela personalidade única de cada ser humano, e o social. Há, isto sim, uma intercomplementaridade necessária, pois um confirma o outro e não o suprime.

---

5. HELLER, Agnes. *Para mudar a vida*. São Paulo: Brasiliense.

Já não tem, pois, sentido, uma psicologia que busca conhecer o homem universal, sob efeito de uma educação também universal num momento histórico indeterminado e num espaço indefinido. É hora de conceber uma psicologia aplicada à educação do homem brasileiro, neste momento preciso de sua história. É impossível compreender os processos de desenvolvimento, aprendizagem e socialização, ignorando o espaço-tempo em que eles ocorrem; é necessário, pois, contextualizar o conhecimento psicológico sobre o homem.

Referências

ANASTASI, Anne (1965). *Testes psicológicos*. São Paulo: Edusp [Trad. Dante Moreira Leite].

ANZIEU, Didier (1978). *Os métodos projetivos*. Rio de Janeiro: Campus, [Trad. Maria Lúcia do Eirado Silva].

BERGER, Peter L. (1983). *Perspectivas sociológicas: Uma visão humanista*. 6. ed. Petrópolis: Vozes [Trad. Donaldson M. Gars Changen].

BIGGE, Morris L. & HUNT, Maurice P. (1970). *Bases psicológicas de la educación*. México: Trillas.

BORING, Edwin G. et al. (1952). *A History of Psychology in Autobiography*. Nova York: Greenwood.

_____ (1929). A History of Experimental Psychology. Nova York: Appleton.

BRASIL, Maria Auxiliadora de Souza (1962). *Da necessidade e da possibilidade da aplicação da psicologia à educação*. Belo Horizonte: Faculdade de Filosofia da UFMG [Tese de doutoramento (mimeo.)].

CARPENTER, Finley & HADDAN, Eugene (1971). *Como aplicar la psicología a la educación*. Buenos Aires: Paidós.

DIB, Cláudio Zaki (1974). *Tecnologia da educação e sua aplicação à aprendizagem de física*. São Paulo: Pioneira.

FOULQUIÉ, Paul & DELEDALLE, Gérard (1977). *A psicologia contemporânea*. 4. ed. São Paulo: Nacional [Trad. Haydée Camargo Campos].

GAGE, Nathaniel L. & BERLINER David C. (1975). *Educational Psychology.* Chicago: Rande McNally College Publi. Co., p. 3-10.

HILGARD, Ernest R. (1972). Perspectivas sobre las relaciones entre la teoria del aprendizage y las prácticas educativas. In: STONES, Edgar. *Psicologia de la educación; didáctica especial en sus textos.* Tomo I. Madri: Morata, p. 110.

KLAUSMEYER, Herbert J. & GOODWIN, William (1977). *Manual de psicologia educacional.* São Paulo: Harper & Row do Brasil [Trad. Maria Célia Teixeira Azevedo de Abreu].

McFARLAND, Henry Stewart N. (1977). *Teoria psicológica e prática educacional.* Porto Alegre: Globo [Trad. Jurema Alcides Cunha].

NAGEL, Thomas S. & RICHMAN, Paul T. (1976). *Ensino para competência:* Uma estratégia para eliminar fracasso. Porto Alegre: Globo [Trad. Cosete Ramos],

NOLL, Victor (1965). *Introdução às medidas educacionais.* São Paulo: Pioneira [Trad. Dante e Mirian Moreira Leite].

OFIESH, Gabriel (1971). *Tecnologia educacional e a necessária revolução na educação.* Conferência Nacional de Tecnologia da Educação Aplicada ao Ensino Superior. Rio de Janeiro [mimeo.].

PATTO, M. Helena Souza (1981). *Psicologia e ideologia:* Reflexões sobre a psicologia escolar. São Paulo [Tese de Doutoramento apresentada ao Instituto de Psicologia da Universidade de São Paulo].

PIAGET, Jean & FRAISSE, Paul (1972). *Tratado de psicologia experimental.* 2. ed. Vol. I. Rio de Janeiro: Forense [Trad. Agnes Cretela].

ROSENTHAL, Robert (1966). *Experimenter Effects in Behavioral Research.* Nova York: Appleton, Century Crofts.

SAWREY, James M. & TELFORD, Charles W. (1964). *Psicologia educacional.* Rio de Janeiro: Ao Livro Técnico.

SEMINÉRIO, F.L.P. (1979). "Psicologia, ciência, educação". *Arquivos Brasileiros de Psicologia*, Rio de Janeiro, 31(2), p. 5 16.

STONES, Edgar (1972). *Psicologia de la educación.* Tomo I. Madri: Morata.

THORNDIKE, Robert L. & HAGEN, Elizabeth (1973). *Testes y técnicas de medición en psicologia y educación.* México: Trillas.

8
A relação pedagógica

Introdução

A educação escolar é um processo mediante o qual o aprendiz, seja ele criança, adolescente ou adulto, constrói o conhecimento na interação com outras pessoas. Há, pois, dois tipos de interação que se dão no ambiente escolar: a interação do aprendiz com seus pares e a interação do aprendiz com seus professores. Ambas se revestem de grande importância para a aprendizagem escolar e em torno delas tem-se organizado uma ampla produção científica, pois as pessoas aprendem graças a uma relação privilegiada com um instrutor e também graças a outras relações que acontecem no interior da escola. Pode-se dizer, portanto, que a educação escolar é um processo de construção social do conhecimento.

Dá-se o nome de relação pedagógica ao vínculo que se estabelece entre quem ensina e quem aprende na educação escolar, e este tema tem merecido a atenção de autores ligados à Psicologia e à Sociologia. Todas as relações entre pessoas acabam sendo determinantes de mudança; algumas delas ocorrem de modo não previsto e sem o consentimento das pessoas ou da sociedade. No caso da relação pedagógica, entretanto, ressalta-se uma característica: ela se propõe, de forma explícita, produzir mudanças nas pessoas e o faz com autorização da sociedade.

Este texto pretende dar ênfase principalmente à interação do aprendiz com seus professores, ou seja, o vínculo que se estabelece entre as duas partes envolvidas numa prática educativa – a parte que ensina e a parte que aprende. Coexistem, atualmente, algumas interpretações diferentes da relação pedagógica e, para efeito didático, passa-se a agrupá-las.

O primeiro grupo de interpretações considera positiva a influência da escola sobre o educando, sem questionar os conteúdos ensinados, a metodologia adotada ou os produtos alcançados. De acordo com essa interpretação, a influência da escola é sempre benéfica e cabe ao professor, detentor de conhecimentos, repassá-los aos alunos e formar suas atitudes. Esta interpretação é a mais frequente e tende a desconsiderar o caráter ideológico da educação escolar e o tipo de vínculo psicológico e social que se estabelece entre o professor e o aluno. A intenção deste trabalho é chamar a atenção para aspectos da aprendizagem escolar que extrapolam o que se pretende ensinar e que exercem significativa influência sobre os resultados do ensino e, por este motivo, este texto não abordará esta perspectiva. O segundo grupo de interpretações tende a dar realce ao aspecto psicossocial da relação pedagógica, levando em conta as formas de interação que ocorrem entre professores e alunos. Bohoslavsky, ao identificar três modelos de relações interpessoais que ocorrem na escola, coloca-se neste grupo. French e Raven, ao analisarem as relações de poder, também oferecem um referencial para se analisar a relação pedagógica numa perspectiva psicossocial. Muitos psicólogos não diretivos, entre eles o próprio Carl Rogers, ao enfatizarem as emoções que permeiam a relação professor-aluno, também se enquadram nesta perspectiva. O terceiro grupo de interpretações segue uma orientação contextual, dando realce à estrutura social na qual a relação pedagógica ocorre. Considerando que o professor é o responsável pela transmissão da ideologia da classe dominante, este grupo considera que a escola desempenha um papel historicamente determinado. Bourdieu e Passeron, Althusser e outros autores de orientação marxista enquadram-se nesta perspectiva. Dando realce ao caráter cultural e histórico da educação, pode-se dizer que os autores soviéticos, liderados por Vygotsky, também podem ser colocados neste grupo.

8.1 A interpretação de Bohoslavsky

Bohoslavsky (1975) considera que existem três tipos diferentes de vínculo nas relações entre as pessoas: o vínculo de dependência, o de cooperação e o de competição. O vínculo de dependência segue o modelo da relação pais-filhos; o vínculo de cooperação ou mutualidade tem como modelo o casal e as relações fraternais (irmãos) e o vínculo de competição adota o modelo da rivalidade entre irmãos ou da rivalidade sexual. De acordo com este autor, mesmo que o conteúdo varie de uma situação para outra, de maneira manifesta ou latente os vínculos acima se repetem na interação social.

Analisando a relação pedagógica, este autor considera que, independentemente do tipo de liderança exercido pelo professor – democrático, autocrático ou livre –, o vínculo dominante no ato de ensinar é de dependência. O autor justifica, afirmando que isto se manifesta através de alguns pressupostos ou crenças correntes no ambiente escolar:

- O professor sabe mais do que o aluno;
- O papel do professor é proteger o aluno para que ele não cometa erros;
- O professor pode e deve julgar o aluno;
- O professor pode determinar a legitimidade dos interesses do aluno;
- O professor pode e deve definir a comunicação possível com o aluno.

Este modelo de comunicação implica em que o professor é quem regula o tempo, o espaço e os papéis que ele e o aluno desempenham na relação pedagógica. Assim, à medida que aprende, o aluno vai introjetando a ideia de que "saber é poder", uma vez que o professor é quem pode "dar as cartas". Nesse contexto, o suposto saber do professor transforma-se em instrumento de coerção, mediante o qual o poder é instaurado na sala de aula. A consequência da submissão do aluno é a transformação do professor em elemento de controle, ao qual cabe definir se o aluno "sabe", e isto é feito de acordo com seus critérios particulares. Graças a este poder, o aluno experimenta uma castração intelectual progressiva, pois apenas o professor, detentor do poder, define os critérios de verdade que vigorarão em classe. Nesse contexto, o professor perde a possibilidade de desenvolver a reflexão crítica e a criatividade, definindo a relação pedagógica como um vínculo de submissão. Acresce que a repressão é tanto mais perigosa quanto mais velada para os repressores e para os reprimidos.

Automaticamente, graças ao vínculo de dependência, excluem-se os originais, os revolucionários, os questionadores, todos aqueles que causam incômodo para o professor e a segurança da instituição escolar. Deste modo, a escola é convertida numa instituição conservadora, que se destina à formação de conformistas, obedientes executores das normas que lhes são impostas. Por isto, quanto mais caminham em sua vida acadêmica, os alunos apresentam uma perda progressiva da originalidade, um medo maior do ridículo, uma tendência a assumir as "modas" de consumo da ciência.

A aceitação dos pressupostos acima contraria o discurso de democratização da educação, especialmente porque nega a possibilidade de participação ativa do aluno no processo de ensino-aprendizagem.

8.2 A aplicação da visão de French e Raven à relação pedagógica

Os autores John R.P. French e Bertran Raven (1972) oferecem um referencial teórico que permite analisar a relação pedagógica a partir do papel de autoridade exercido pelo professor. De acordo com eles, o papel social é definido pela sociedade e as pessoas o exercem, muitas vezes sem estar conscientes de que seu comportamento resulta da introjeção das normas e comportamentos impostos por este papel.

O professor exerce um papel de autoridade na medida em que lhe conferem poder para influenciar pessoas, mudando-as, através da educação. Este papel exige que ele apresente posturas de autoridade, use um tipo de linguagem e comunicação, apresente determinadas expressões fisionômicas. Deste modo, a relação do professor (autoridade que detém poder) com os alunos (pessoas que se submetem à sua autoridade) torna-se clara e inquestionável.

Para French e Raven, são as seguintes as bases do poder que fundamenta a autoridade:

1. Poder de recompensa – Baseia-se na percepção que os liderados têm do líder como capaz de conferir recompensas pelo seu comportamento. Quanto mais o líder tem condições de cumprir aquilo que promete, maior o poder e a atração que exerce sobre as pessoas.

2. Poder coercitivo – Baseia-se na percepção que os liderados têm do líder como capaz de impedi-los de fazer o que desejam ou de impor-lhes punições. Ao contrário da categoria anterior, este poder reduz a atração do líder para os liderados.

3. Poder referente – Baseia-se na identificação que os liderados sentem com o líder e ocorre quando se percebe o líder como alguém que tem crenças semelhantes às dos liderados, comporta-se como eles gostariam de proceder, e deseja as mesmas coisas que eles. Baseados nesta identificação, os liderados se comportam como consideram que o líder se comportaria, utilizam a sua linguagem, seus gestos e acreditam naquilo que acreditam que ele acredita.

4. Poder legítimo ou institucional – Baseia-se na percepção que os liderados têm de que o líder pode exercer sua autoridade sobre eles. Os valores culturais e a estrutura organizacional têm um papel significativo neste caso, pois os líderes, numa cultura, são os mais velhos; noutra, os mais fortes e, noutra, os mais inteligentes. Por outro lado, numa organização, aqueles que são legitimados (por nomeação, por exemplo) para exercerem a chefia é que são considerados imbuídos de autoridade.

5. Poder especializado – Baseia-se no reconhecimento dos liderados pelo conhecimento que determinado membro do grupo tem de um assunto específico, que é o ponto de referência do grupo. Neste caso, o conhecimento do líder é que lhe confere autoridade diante dos liderados.

As categorias acima não são mutuamente exclusivas. As pessoas podem exercer o poder baseando sua autoridade em mais de uma categoria. No caso do professor, por exemplo, sua autoridade está fundamentada em todas as categorias citadas. É necessário que ele esteja consciente disto e saiba comportar-se, utilizando as bases de seu poder no momento adequado, isto é: recompensando ou punindo quando for necessário, valendo-se do papel de referência que constitui para seus alunos, utilizando seu lugar hierárquico e fazendo valer o conhecimento do qual é detentor.

8.3 A expectativa autorrealizadora de Rosenthal e Jacobson

O conceito de profecia autorrealizadora, que teve seu momento de maior aplicação à área educacional na década de 1960, tem origem bem anterior. Por volta de 1898, Albert Moll se referiu a profecias que levam à autorrealização no caso de curas de paralisias histéricas, insônia, náusea, impotência e gagueira. Merton[6], em 1948, mencionou o efeito da profecia autorrealizadora na análise de fenômenos relacionados a preconceitos religiosos e raciais e colapso de sistemas econômicos. Assim, a expectativa de guerrear é comunicada ao adversário em potencial e este reage preparando-se para a guerra; isto aumenta a expectativa do primeiro ator, que reage aumentando seus preparativos e os dois vão se reforçando mutuamente graças à expectativa que um tem em relação ao outro. Allport[7], em 1950, também mencionou a influência da expectativa sobre fenômenos econômicos e sociais.

Por volta de 1966, Rosenthal analisou a influência da expectativa do experimentador ou do coletor de dados sobre as respostas dos sujeitos em estudos relacionados às ciências do comportamento. Alguns estudos realizados cobriram a análise de experimentos feitos com animais, tendo sido possível inferir que mesmo neste caso é reconhecida a influência do experimentador sobre os resultados. Além disso, a análise da produção científica sobre desempenho escolar e ocupacional deu uma interpretação original à questão do sucesso e fracasso escolar, pois, de acordo com Rosenthal e Jacobson:

---

6. MERTON, R.K. "The self-fulfiling prophecy". *Antioch Review*, 1948, 8, p. 193-210.
7. ALLPORT, G.W. The role of expectancy. CANTRIL, H. (org.). *Tensions that cause wars*. Urbana: University of Illionois, 1950, p. 43-78.

> Embora grande parte dos trabalhos das ciências do comportamento seja realizada em laboratório, existe uma intenção implícita mesmo no experimento de laboratório mais cuidadosamente controlado: poder fazer afirmações precisas sobre o comportamento que se dá fora do laboratório, comportamento algumas vezes chamado de vida real. (ROSENTHAL & JACOBSON. In: PATTO, M.H.S., 1981, p. 269).

Em seu estudo, Rosenthal e Jacobson citam uma comunicação feita por Alex Bavelas, em 1965, segundo a qual um grande número de candidatas a um emprego numa empresa industrial foi submetido a um processo avaliativo, que incluiu a aplicação de testes de inteligência e de destreza digital. O supervisor foi levado a acreditar que um grupo de candidatas havia obtido escores mais elevados nos testes, enquanto outro grupo havia obtido escores baixos, e verificou-se que, numa situação posterior, este supervisor avaliou mais positivamente o desempenho daquelas candidatas que supostamente haviam obtido escores mais altos. Isto poderia ser considerado simples efeito de halo, caso a avaliação da produtividade dessas funcionárias não mostrasse relação com os resultados dos testes, mas sim com a expectativa criada em torno delas. Trata-se, portanto, de um caso evidente de profecia interpessoal autorrealizadora.

Em outro exemplo também citado pelos autores, Flowers (1966) variou experimentalmente as expectativas dos professores em relação ao desempenho intelectual de seus alunos. Ele trabalhou com crianças de 7ª série de duas cidades e em cada uma delas havia duas classes, equivalentes quanto ao desempenho e ao nível de inteligência. Uma das classes em cada cidade foi apontada como mais bem-dotada intelectualmente, alegando-se que tal afirmação se sustentava pelos resultados de testes de inteligência, enquanto a outra classe não foi apontada como possuidora dessa característica e, portanto, serviu como grupo de controle. Os professores não sabiam que a classificação havia sido arbitrária, mas ao final do experimento verificou-se que a classe apontada como mais capaz apresentava um aumento significativo do QI, embora não apresentasse progresso no desempenho quando comparadas à do grupo de controle. Na outra cidade, o grupo apontado como mais brilhante mostrou um aumento maior nos escores dos testes de desempenho do que as crianças do grupo de controle.

Buscando aprofundar os estudos sobre expectativas autorrealizadoras na situação escolar, Rosenthal e Jacobson desenvolveram várias outras experiências, que confirmaram os resultados de seus antecessores. Esses trabalhos apontam algumas conclusões importantes:

• Quando os professores esperam que seus alunos apresentem resultados superiores, isto realmente acontece. Provavelmente eles comunicam sua expectativa através de modos de tratar os alunos, através de palavras, gestos ou outras manifestações.

• A reputação que uma criança constrói numa escola passa a ser responsável pelo seu sucesso ou fracasso escolar, uma vez que ela é determinante da sua aceitação ou rejeição. Quando repassamos a "história" de uma criança aos professores, estamos definindo, de certa forma, sua trajetória dali para diante.

• Crianças mais jovens são mais sensíveis à expectativa de seus professores, precisamente porque sua relação com eles é mais afetiva, já que ela se baseia na identificação com os pais.

• Quando os estudos de rendimento estão relacionados à adoção de um novo método, a expectativa dos experimentadores é, frequentemente, determinante, de resultados superiores dos alunos submetidos à nova metodologia.

Os estudos aos quais nos referimos tornam evidente a influência que nossa expectativa tem sobre os comportamentos das pessoas com as quais nos relacionamos. Isto é muito mais forte quando as pessoas são nossos alunos ou nossos filhos. Por este motivo, as instituições responsáveis pela formação de professores deveriam alertar os candidatos a esta profissão sobre o risco de suas expectativas se tornarem mobilizadoras do sucesso ou do fracasso de seus alunos.

8.4 A relação professor-aluno na perspectiva não diretiva

No extremo oposto ao dos sociólogos que afirmam que a relação pedagógica se traduz no exercício do poder e da autoridade pelo professor, os teóricos não diretivistas afirmam que esta relação só cumpre seu verdadeiro papel quando ocorre o envolvimento pessoal do aprendiz.

Carl Rogers, o mais conhecido representante da linha não diretivista, considera que a verdadeira aprendizagem é a *aprendizagem significativa* e a define como aquela que tem sentido para o aprendiz, pois representa uma mudança que ele quer assumir. Este tipo de aprendizagem envolve sentimentos ou significados pessoais e tem relevância para a pessoa como um todo.

Além disso, Rogers (1971) realça que ela tem a qualidade de um *envolvimento pessoal* tanto sob o aspecto sensível quanto sob o aspecto cognitivo. Ela é *autoiniciada*, ou seja, mesmo quando o primeiro impulso ou o estímulo vêm de fora, o senso da descoberta e da compreensão vem de dentro. A aprendizagem significativa é *penetrante*, na medida em que suscita modificação no comportamento, nas atitudes e até na personalidade do educando; ela é *avaliada pelo aprendiz*, já que ele sabe onde quer chegar, o que deseja saber e tem condição de identificar até onde está conseguindo alcançar seu objetivo.

Colocando a aprendizagem significativa como a mais desejável no sistema de educação escolar, Rogers sugere que há meios práticos que a estimulam e facilitam. Tudo começa pelo abandono dos elementos da educação convencional; em lugar de um currículo cuidadosamente prescrito, estabelece-se a livre escolha dos assuntos a serem estudados; em lugar de deveres padronizados para todos, cada estudante estabelece suas próprias atribuições; exposições feitas pelo professor são pouco frequentes e os testes estandardizados perdem sua função; a avaliação, por sua vez, só tem sentido se for autoanalisada e se prestar para informar sobre a aprendizagem feita pelo aluno.

A relação aluno-professor, dentro desta perspectiva, caracteriza-se pela aprendizagem autoiniciada, significativa, na qual o realce é dado à escolha e à iniciativa do aluno. Acredita-se que não haverá aprendizagem de espécie alguma quando o estudante se comporta de maneira passiva, como se espera que ele faça no sistema convencional de ensino. Quando o foco da aprendizagem é dirigido a quem aprende e não a quem ensina, geralmente ocorre certo receio do professor de que ele seja colocado fora de cena.

Entretanto, neste modelo o professor não abre mão de seus próprios interesses, nem desconhece o seu desejo de instruir, de ensinar. Ele pode escolher o que quer apresentar e tomar a iniciativa de situar-se na vida da classe. O professor se transforma, portanto, num facilitador da aprendizagem; evita a monotonia e a rotina da aula expositiva e tem em conta a exata medida do interesse da classe pelo seu trabalho, na medida em que os alunos são livres para assistirem ou se ausentarem de suas apresentações.

Um ponto importante colocado pelos psicólogos e educadores não diretivistas é que, quando ensinamos, transmitimos alguma coisa além do conteúdo; transmitimos um modo de ser, nossa maneira peculiar de tratar as pessoas e de ver o mundo. Desse modo, a afetividade que permeia a relação entre professor e aluno exerce um papel muito mais importante na aprendizagem do aluno do que o conhecimento e didática do professor.

8.5 A escola como reprodutora da estrutura social

Alguns autores têm analisado a educação escolar numa perspectiva macroestrutural e entre eles merecem ser lembrados: Bourdieu e Passeron, Baudelot e Establet, Althusser, Luc Boltanski, Burton R. Clark, entre outros. O ponto de partida desses autores é a relação entre o sistema de ensino e a estrutura de classes sociais, pois admitem que a educação sirva para manter a desigualdade social mais do que para reduzi-la. Os sociólogos Pierre Bourdieu e Jean Claude Passeron, por exemplo, consideram que a tarefa do sociólogo é "determinar a contribuição feita pelo sistema educacional à reprodução da estrutura de relações de poder e de relações simbólicas entre as classes sociais"[8].

---

8. BOURDIEU, P. & PASSERON, J.C. Cultural reproduction and social reproduction. In: BROEN, Richard (org.). *Knowledge, education and cultural chage.* Londres: Tavistock, 1973, p. 71.

De acordo com Bourdieu e Passeron (1973), o sistema de ensino superior cumpre a função de transmitir privilégios, atribuir *status* e impor respeito pela ordem social vigente. Embora a educação reserve a si a função tradicional de transmitir a cultura de geração a geração, as instituições educacionais, na realidade, desempenham a função social de contribuir para a reprodução da estrutura de classes sociais, reforçando a divisão cultural e de *status* entre as classes. O grupo dominante delega a um sistema aparentemente meritocrático a tarefa de outorgar *status* e, com isto, preserva os interesses da classe alta. Dessa forma, sem violar os princípios da ideologia democrática, legitima a reprodução das hierarquias sociais, que são transformadas em hierarquias acadêmicas.

O pensamento de Bourdieu a respeito do ensino superior faz parte de uma teoria mais geral sobre a ação pedagógica, a qual estabelece relação entre conhecimento, poder, socialização e educação. De acordo com essa teoria, o sistema de educação e a socialização se encarregam de promover a internalização da cultura e, graças a isto, o comportamento individual e grupal reproduz as relações de classe existentes. Como a sociedade é estratificada, os valores culturais dos grupos e classes sociais mais valorizados são aceitos e respeitados pelos grupos subordinados, e isto legitima as relações de poder. A escola, que é a instituição à qual a sociedade atribui a função primordial de preservar a cultura, acaba desempenhando o papel de reprodutora desta estrutura social.

Alguns pontos enfatizados por Bourdieu e Passeron (1973) servem para apresentar seu ponto de vista quanto ao papel da ação pedagógica:

1. Há uma distribuição desigual do capital cultural entre as classes sociais, no que se refere aos níveis de escolaridade atingidos e aos padrões de consumo cultural; deste modo, os diplomas universitários são, geralmente, obtidos por membros da classe social mais alta.

2. O desempenho acadêmico está ligado ao *background* cultural, isto é, o desempenho das crianças está muito mais ligado à história educacional de seus pais do que à sua aprendizagem propriamente.

3. A escola possibilita uma mobilidade social limitada e controlada e, por isso, representa uma das mais ricas fontes de apoio da ideologia meritocrática.
4. Neste sistema, há uma autosseleção; os jovens da classe trabalhadora nem sequer aspiram atingir um elevado nível de escolaridade. No Brasil, até recentemente, o encaminhamento de jovens das camadas socioeconomicamente desfavorecidas para cursos técnicos constituía a manifestação desse processo de seleção e a conformidade deles em relação a isto constituía evidência deste processo seletivo.

É importante ressaltar que esta abordagem dos dois autores estabelece elos entre os processos educacionais e a estratificação social, através de processos microscópicos de natureza metodológica, avaliativa e curricular. Desse modo, através de métodos e conteúdos que são mais familiares à classe alta, a escola busca mostrar que os filhos da classe trabalhadora não conseguem ter sucesso na escola; através da avaliação do rendimento e, algumas vezes, até mesmo da avaliação psicológica, chegam a provar que tais alunos não são bem-dotados e/ou não respondem bem à estimulação escolar.

Os comentários críticos de Bourdieu e Passeron, bem como a produção de autores que adotam seu ponto de vista, inspiraram muitas pesquisas na área de Educação. Esta abordagem, feita de forma sumária, serve para alertar o professor no sentido de que muitas vezes, inconscientemente, ele se torna o legitimador do modelo de desigualdade social, através da relação com seus alunos. Autores como Baudelot e Establet também concebem a escola como reprodutora da estrutura social e defendem uma abordagem semelhante à de Bourdieu, mas não é nossa intenção explorá-la neste texto.

8.6 A abordagem sócio-histórica de Vygotsky e dos psicólogos soviéticos

Os psicólogos soviéticos Lev Vygotsky e seu colega Alexander Luria apresentaram, no início da década de 1920, um conjunto de estudos que vieram a constituir a Psicologia sócio-histórica. Esses estudos foram desenvolvidos logo após a revolução soviética (por volta de 1917) e buscaram apresentar uma psicologia materialista histórica, fundamentada na teoria marxista ou adaptada a ela. Devido ao isolamento em que a União Soviética se manteve até a década de 1970, essa abordagem só veio a ser divulgada no Ocidente a partir desta época e, no Brasil, no início dos anos 1980.

Os princípios básicos da abordagem sócio-histórica começam com a premissa de que "os fenômenos psicológicos são elaborados humanamente à medida que os indivíduos participam de interações sociais e à medida que empregam instrumentos (tecnologia)" (RATTNER, 1995, p. 6).

Vygotsky sustenta, ainda, que todos os fenômenos psicológicos constituem momentos de consciência social e têm um caráter social e consciente. Assim, nos seres humanos adultos, a emoção, a percepção, a aprendizagem e outros fenômenos não constituem processos naturais como nos animais ou nos bebês; eles dependem de conceitos sociais e estão impregnados pela linguagem. Desse modo, acredita-se que os seres humanos transformam-se ativamente à medida que transformam seu mundo social e natural. Um outro princípio defendido pelos soviéticos é que os fenômenos psicológicos se inter-relacionam dialeticamente. Isto significa que a qualidade desses fenômenos se interpenetra, ou seja, cada fenômeno atinge o interior do outro, de modo que eles são internamente relacionados.

Esses princípios nos oferecem elementos para analisar a relação pedagógica, pois oferecem referências sobre os fenômenos da aprendizagem e do desenvolvimento. O desenvolvimento humano, por exemplo, não é percebido como mera acumulação de mudanças unitárias, mas, segundo Vygotsky (1988), o desenvolvimento constitui:

> um complexo processo dialético, caracterizado pela periodicidade, irregularidade no desenvolvimento das diferentes funções, metamorfose ou transformação qualitativa de uma forma em outra, entrelaçamento de fatores externos e internos e processos adaptativos.

[...] Essa estrutura humana complexa é o produto de um processo de desenvolvimento profundamente enraizado nas ligações entre história individual e história social (VYGOTSKY, 1988, p. 33).

Ao adotar este conceito, Vygotsky estava admitindo a determinação histórica e o papel da transmissão cultural no processo de desenvolvimento humano. Para ele, as crianças têm seu desenvolvimento transformado em função dos contextos culturais e históricos nos quais vivem. Assim, diferentemente dos comportamentistas, que consideram que todas as crianças reagem do mesmo modo aos estímulos que lhes são apresentados, e diferentemente de Piaget, que admitiu a existência de estágios universais, Vygotsky valorizou sobremaneira a interação das condições sociais em transformação e dos substratos biológicos do comportamento.

Ao analisar a relação entre desenvolvimento e aprendizagem, Vygotsky inova, começando por chamar a atenção para o fato de que a aprendizagem de uma criança não se inicia na escola; tem sempre uma história prévia, pois ela teve de lidar com operações de adição, divisão, tamanho, entre outras. Mesmo nos anos pré-escolares, a criança aprende fatos que virão a constituir a base do conhecimento científico que ela irá adquirir no aprendizado escolar. Isto ocorre porque a criança aprende a falar com os adultos e, através da formulação de perguntas e respostas, adquire informações. Portanto, desenvolvimento e aprendizagem estão relacionados desde o primeiro dia de vida de uma criança e serão influenciados pelo ambiente social e cultural no qual a criança vive seus primeiros anos.

Dois conceitos importantes colocados por Vygotsky dizem respeito ao nível de desenvolvimento. O nível de desenvolvimento real é aquele graças ao qual as funções mentais da criança se estabelecem como resultado dos ciclos de desenvolvimento já completados e constitui o indicativo da capacidade mental das crianças, aquilo que elas conseguem fazer por si mesmas. As abordagens psicométricas referem-se a este nível como sendo a idade mental da criança, avaliada pelos testes ou outros instrumentos.

Entretanto, verificou-se que crianças com níveis similares de desenvolvimento mental para aprender podem variar significativamente seus resultados sob orientação de um professor. Essa diferença foi denominada nível de desenvolvimento potencial, isto é, aquele nível que não está completo, que está em processo, e que pode se manifestar se for estimulado da maneira adequada.

Zona de desenvolvimento proximal, conceito criado por Vygotsky e pelos soviéticos, é

> a distância entre o nível de desenvolvimento real, que se costuma determinar através da solução independente de problemas, e o nível de desenvolvimento potencial, determinado através da solução de problemas sob a orientação de um adulto ou em colaboração com companheiros mais capazes (VYGOTSKY, 1988, p. 97).

Os estudos desenvolvidos pelos psicólogos soviéticos nos remetem, portanto, ao papel do ambiente cultural em que a criança vive e à possibilidade de desenvolvimento que um aprendiz tem quando lhe é permitido conviver com colegas mais desenvolvidos ou com professores estimulantes. Apontam, também, para o papel do ensino medíocre que é dado às classes menos favorecidas, o qual tende a considerar apenas o desenvolvimento real, sem levar em conta o desenvolvimento potencial dos aprendizes.

Conclusão

Ao concluir este texto, deve-se realçar que, sob diferentes perspectivas, autores ligados a várias correntes da Psicologia e da Sociologia chamam a atenção para o papel relevante do processo de aprendizagem. Observando as posições defendidas por esses autores, pode-se inferir que a aprendizagem escolar não constitui apenas um processo de oferta de informações pelo professor e de assimilação dessa oferta pelos alunos. A aprendizagem se configura como um processo dinâmico, que pode ser compreendido tanto na perspectiva psicossocial das interações entre duas pessoas quanto na perspectiva sócio-histórica da interação do sujeito com sua cultura e sua história.

Referências

BREGUNCI, M. das Graças de Castro & RIBEIRO, Laura Cançado (1986). *Interação em sala de aula*: questões conceituais e metodológicas. Belo Horizonte: UFMG

BOHOSLAVSKY, Rodolfo H. (1981). A psicopatologia do vínculo professor-aluno: o professor como agente socializante. In: PATTO, M.H. Souza. *Introdução à psicologia escolar*. São Paulo: T.A. Queiroz,

BROOPHY, Jere & GOOD, Thomas (1974). *Teacher-student relationships*: causes and consequences. Nova York: Rolt, Rinehart and Winston.

FRENCH Jr., John R.P. & RAVEN, Bertran (1972). As bases do poder social. In: CARTWRIGHT, Dorwin & ZANDER, Alvin. *A dinâmica de grupo*: pesquisa e teoria. São Paulo: Herder.

MELLO, Guiomar Namo (1975). "Observação da interação professor-aluno: uma revisão crítica". *Cadernos de pesquisa,* mar. São Paulo, (12), p. 19-27.

PATTO, Maria Helena Souza (1982). *Psicologia e ideologia*. São Paulo [Tese de Doutoramento].

_____ (1981). *Introdução à psicologia escolar*. São Paulo: T.A. Queiroz.

RATNER, Carl (1995). *A psicologia sócio-histórica de Vygotsky*: aplicações contemporâneas. Porto Alegre: Artes Médicas [Trad. Lólio Lourenço de Oliveira].

ROGERS, Carl (1971). *Liberdade para aprender*. Belo Horizonte: Interlivros [Trad. Edgar Godoi da Mata Machado e Márcio Paulo de Andrade].

ROSENTHAL, Robert & JACOBSON, Lenore (1981). Profecias autorrealizadoras em sala de aula: as expectativas dos professores como determinantes não intencionais da competência intelectual. In: PATTO, M.H. Souza. *Introdução à psicologia escolar*. São Paulo: T.A. Queiroz.

SWARTZ, David (1981). Pierre Bourdieu: A transmissão cultural da desigualdade social. In: PATTO, M.H. Souza. *Introdução à psicologia escolar*. São Paulo: T.A. Queiroz.

VYGOTSKY, Lev S. (1981). *A formação social da mente*. São Paulo: Martins Fontes [Trad. José Cipolla Neto, Luis Silveira Menna Barreto & Solange Castro Afeche].

_____ (1987). *Pensamento e linguagem*. São Paulo: Martins Fontes [Trad. Jefferson Luiz Camargo].

Conecte-se conosco:

 facebook.com/editoravozes

 @editoravozes

 @editora_vozes

 youtube.com/editoravozes

 +55 24 2233-9033

www.vozes.com.br

Conheça nossas lojas:

www.livrariavozes.com.br

Belo Horizonte – Brasília – Campinas – Cuiabá – Curitiba
Fortaleza – Juiz de Fora – Petrópolis – Recife – São Paulo

  Vozes de Bolso

EDITORA VOZES LTDA.
Rua Frei Luís, 100 – Centro – Cep 25689-900 – Petrópolis, RJ
Tel.: (24) 2233-9000 – E-mail: vendas@vozes.com.br